Philipp Schweitzer
Island – Land und Leute
Geschichte, Literatur und Sprache

SEVERUS Verlag

Schweitzer, Philipp: Island – Land und Leute: Geschichte Literatur und Sprache. 2011

Neuauflage der Ausgabe von 1885
ISBN: 978-3-86347-113-2

Umschlaggestaltung: © SEVERUS Verlag

Bibliografische Information der Deutschen Nationalbibliothek: Die Deutsche Nationalbibliothek verzeichnet diese Publikation in der Deutschen Nationalbibliografie; detaillierte bibliografische Daten sind im Internet über https://dnb.de abrufbar.

Der SEVERUS Verlag ist ein Imprint der Bedey & Thoms Media GmbH, Hermannstal 119k, 22119 Hamburg

SEVERUS Verlag, 2011
http://www.severus-verlag.de
Gedruckt in Deutschland
Der SEVERUS Verlag übernimmt keine juristische Verantwortung oder irgendeine Haftung für evtl. fehlerhafte Angaben und deren Folgen.

Philipp Schweitzer

# Island – Land und Leute

## Geschichte, Literatur und Sprache

Meinen Freunden

auf

Island.

# Vorwort.

Die Absicht dieser Arbeit ist das Interesse, nicht allein der Gelehrten, sondern auch des gebildeten Publikums in Deutschland für ein Brudervolk zu wecken, das, nicht viel mehr als 72,000 Köpfe zählend, bis vor Kurzem in seinem kalten Erdenwinkel vom Weltverkehr abgeschlossen, von Europa fast gänzlich vergessen, sein reiches Theil beigetragen hat zur Culturarbeit der Menschheit, und seit einigen Jahrzehnten einen heldenmüthigen Kampf führt für Freiheit und Fortschritt auf allen Gebieten des Lebens. Doch nicht allein die Theilnahme will sie für diese kleine germanisch-zähe, durch geistige Eigenschaften ausgezeichnete Nation erwecken, sie will zugleich ein Handbuch sein, welches das Wesentlichste über Island und die Isländer mittheilt, eine

Art Nachschlagebuch bei isländischen Fragen. Meinen Freunden auf Island aber sende ich mit diesem Büchlein ein Zeichen des herzlichsten Dankes für so manche in ihrer Mitte genossene fröhliche Stunde, und rufe ihnen zu: Auf Wiedersehen!

Betreffs der einzelnen Abhandlungen, welche ich hiermit der Oeffentlichkeit übergebe, bemerke ich, dass keine derselben mit wissenschaftlichen Zielen vor Augen geschrieben wurde. Ich habe deshalb den ganzen Apparat, der einem wissenschaftlichen Werke angehört, in einer Arbeit wie der vorliegenden jedoch nur „Bleigewicht" gewesen wäre, hinweggelassen.

Meine Quellen betreffend bemerke ich, dass die Geschichte der alt-isländischen Literatur wie sie hier vorliegt der Auszug ist einer von mir für die Geschichte der skandinavischen Literatur verfassten und im Manuskript vorliegenden altnordischen Literaturgeschichte, bei welcher ich die meisten der diesen Gegenstand betreffenden Dissertationen, Schriften und Werke benutzte, hauptsächlich: K. Maurer, R. Keyser, N. M. Petersen, C. Rosenberg, P. A. Munch, E. Sars, H. Hildebrand, O. Montelius, G. Vigfússon und andere historische sowie literaturhistorische Arbeiten. Für die neu-isländische Literaturgeschichte konnte ich wenig Vorarbeiten heranziehen, dies Gebiet ist noch so gut wie unbebaut. Doch waren mir einzelne Lebensbeschreibungen, Aufsätze in Zeitschriften, in Reisebeschreibungen verstreute Notizen, sowie mündliche Mittheilungen von Nutzen, hauptsächlich aber Hálfdanis Einari Sciagr. Hist. Lit. Islandiæ, Finni Joh. Historia ecclesiast. Islandiæ, Worm's Lexicon over lærde Mænd, und Jónasar Jónassonar Yfirlit yfir bókmentir Islendinga 1400—1780 (Manuskript). Was die alt-isländische Geschichte angeht, so verweise ich auf oben genannte Werke, bezüglich der neu-isländischen Geschichte auf die Árbækur Jón Espólíns, den Ágrip af Sögu Íslands Þorkels Bjarnasonar, P. Pjeturssonar Hist. eccles. Isl., die hierher gehörigen Schriften K. Maurers etc. Im Uebrigen brauchte ich Lýsing Íslands eptir Þorvald Thoroddsen, Henderson's, Storm's, Paykull's Reisebeschreibungen u. s. w., sowie Oldnordisk Formlære af L. Wimmer.*)

---

*) Diejenigen, welche sich näher über Island zu unterrichten wünschen, werden alle einschlagenden Bücher und Schriften in Th. Möbius' Catalogus librorum Islandicorum etc., in Th. Möbius: Verzeichniss der auf dem Gebiete der altnord. Sprache und Lit. von 1855—1879 erschienenen Schriften, in den Skýrslur og Reikningar hins íslenzka bókmentafélags, und in dem erst nach Vollendung meiner Arbeit gedruckten Rithöfundatal 1400—1882 Jóns Borgfirðings aufgezeichnet finden. Ich mache ferner aufmerksam auf die Island betreffenden und in nächster Zeit erscheinenden grösseren Arbeiten von J. C. Poestion.

Die Namen habe ich überall, ausser in verdeutschten Gedichten, so geschrieben, wie man sie auf Briefadressen setzen würde.

Schliesslich spreche ich dem Herrn Gymnasialdir. Dr. J. Þorkelsson, Adjunkt J. Sveinsson, Adjunkt G. Þorláksson, Candidat B. Melsted meinen herzlichsten Dank aus für das Wohlwollen und die Unterstützung, die sie mir durch Einführung in die Prosa und Poesie Islands, durch Mittheilungen und Berichtigungen gewährt haben.

Stockholm.

**Ph. Schweitzer.**

# Inhalt.

|  | Seite |
|---|---|
| Vorwort . . . . . . . . . . . . . . . . . . . . . | V |
| 1. Land und Leute . . . . . . . . . . . . . . . . | 1 |
| 2. Geschichte . . . . . . . . . . . . . . . . . . | 24 |
| 3. Literaturgeschichte . . . . . . . . . . . . . . | 75 |
| 4. Das Wesentlichste der isländischen Sprachlehre . . . . . | 168 |

## 1. Land und Leute.

Island hat einen Flächeninhalt von 1870 Quadratmeilen, ist also ungefähr von der Grösse der deutschen Südstaaten Baiern, Würtemberg und Hessen zusammengenommen. Während aber die Einwohnerzahl der Letzteren beinahe 8 Millionen beträgt, hat Ersteres nur 73000 Bewohner. Dieser Mangel an Menschenkraft ist es hauptsächlich, welcher der vollen Ausnützung der Wohlstandsquellen, die das Land bietet, im Wege steht.

Island ist ungefähr 130 geographische Meilen von Norwegen, aber nur deren 40 von Grönland entfernt, es liegt zwischen $63^1/_2^0$ und $66^1/_2^0$ nördlicher Breite. Seine Hauptstadt Reykjavik hat eine um wenige Meilen nördlichere Lage als Drontheim in Norwegen. Die Nordküste der Insel ist dagegen um mehrere Tagereisen südlicher belegen, als die finmärkischen Städte Tromsö, Alten, Hammerfest, Vardö, Vadsö. Das Land ist offenbar durch die Einwirkung unterirdischer Feuer entstanden, welche wenig tief unter den Füssen der Bewohner Verderben drohen, während die Erdoberfläche, schon von kaum 2800 Fuss über dem Meeresniveau an, in Eis und Schnee gehüllt den ewigen Winterschlaf schlummert. „Nirgends kann das Gemüth des Betrachtenden sich von dem unheimlichen Eindruck erholen, den der Gedanke an die unter seinen Füssen in den Eingeweiden der Erde tobenden Feuer und der Anblick der ungeheuren ewigen Eisberge, von denen er umgeben ist, in ihm aufregt." (Henderson.) Kein anderes Land der Welt besitzt auf gleich grossem Flächenraum eine solche Menge an Vulkanen, an ausgeglühten Lavaströmen, an heissen Quellen. Die namhaftesten unter den feuerspeienden Bergen sind die Hekla, welche seit Bebauung des Landes 27 mal, und die Katla, welche 13 mal in Thätigkeit gewesen ist, ausserdem aber der Eyjafjallajökull, Krafla, Öræfajökull, Skaptárjökull u. A., deren Ausbrüche — besonders die der beiden Letzteren — das Land weithin verheert haben.

Von den Lavastrecken ist das „Ódáðahraun", welches 60 ☐ Meilen bedeckt, die grösste. Der Lavastrom, welcher im Jahre 1783 dem Skaptárjökull entfloss, ist zehn Meilen lang, breitet sich in den Niederungen bis auf drei Meilen und hat stellenweise eine Tiefe von 5—600 Fuss. Man sagt in demselben sei ebensoviel oder mehr Steinmasse, als im ganzen Montblanc. Auch die Lavafelder, welche die Hekla umgeben, sind von gewaltiger Ausdehnung und bedecken ein früher fruchtbares Land. Alle Lava des Landes nimmt einen Raum von 120 ☐ Meilen ein.

Die heissen Quellen theilen sich in Sprudel (laugar) und Springquellen (hverar). Bei ersteren entströmt das heisse

Wasser der Erde ohne durch besondere Gewalt hervorgetrieben zu sein. Die letzteren jedoch werden durch in unterirdischen Hohlräumen entwickelte Dämpfe mehr oder weniger kräftig und in kürzeren oder längeren Zwischenräumen über die Oberfläche der Erde emporgeschleudert. Die berühmteste Springquelle ist der „grosse Geysir", in dessen Nähe sich noch ca. 50 andere grössere oder kleinere „Wasservulkane" finden, darunter der dem Geysir nicht viel an Grösse nachstehende Strokkur. Ersterer springt in einem gewaltig dicken Wasserstrahl und unter donnerähnlichem Gebrüll mehr als 100 Fuss hoch.

Auch an kohlensäurehaltigen Quellen ist Island reich. Merkwürdiger aber sind die kochenden Schlammgruben. Aus Ritzen im Boden strömt dort heisser, schwefelsaurer Dampf und verwandelt die Erde ringsum zu einer weichen, schlammigen Masse, welche, erhitzt von den siedenden Dämpfen und von ihnen zuweilen hoch emporgeschleudert, in den enstandenen Gruben wallt und bobbelt. Man hat versucht die an solchen Orten zu Tage tretenden Mineralien zu verwerthen, doch kann der isländische Schwefel nicht mit dem sicilischen an Wohlfeilheit concurriren. Die bei Krisuvik belegenen Schlammquellen werden von Engländern ausgebeutet.

Das Innere Islands ist ein unfruchtbares, sandbedecktes Hochland von durchschnittlich 2000 Fuss Höhe. Aus dieser, den grössten Theil des Landes einnehmenden Wüste erheben sich die Berge und Gebirge bis zu einer Höhe von 6000 Fuss. Sie bedecken zusammen eine Fläche von

268 ☐ Meilen. Das höchste und ausgedehnteste Gebirge ist der Vatnajökull, welcher 150 ☐ Meilen gross und in seiner höchsten Spitze, dem Öræfajökull, 6241 Fuss hoch ist. Die gewaltigsten Bergriesen der Insel sind ausserdem das Snæfell (5800 Fuss), der Eiriksjökull (5750 Fuss), der Eyjafjallajökull (5432 Fuss), Herðubreið (5290 Fuss), die schon genannte Hekla (4961 Fuss), der Snæfellsjökull (4577 Fuss), der Langjökull (4550 Fuss) u. A. Von ihnen gehören mehrere zu den Vulkanen.

Die Steinarten, aus denen diese Gebirge aufgebaut sind, bestehen meist aus Basalten, Trachyten, vulkanischen Tuffen, Laven etc. An Erzen ist das Land nicht reich, doch hat man in alter Zeit Eisen gewonnen. Im Osten ist ein Bergwerk im Betrieb, dem man Kalkspath (Doppelspath) entnimmt. Zeolith-Krystalle findet man häufig, auch Obsidian, in neuerer Zeit will man Kohlen entdeckt haben, was für das Land von unberechenbarem Vortheile sein würde.

An fruchtbaren Ebenen ist Island nicht reich. Der Norden besteht fast nur aus tief eingeschnittenen, an ihrer Mündung breiten und fruchtbaren Thälern mit dazwischenliegenden Gebirgszügen. Das Innere ist, wie schon gesagt, ein vegetationsleeres Hochland; im Süden jedoch finden sich auch fruchtbare Niederungen, wie z. B. die Ebene zwischen dem Eyjafjallajökull und den die Halbinsel Reykjanes durchziehenden Gebirgen, welche 70 ☐ Meilen enthält, aber meist sumpfig ist. Es fehlt an Menschenkraft und Capital zur Entwässerung. Im Osten

dieses Flachlandes und südlich von dem Mýrdals- und
Vatnajökull ziehen sich weit ausgedehnte Wüsten hin, deren
Sand, vom Wind in Bewegung gesetzt, oft die fruchtbaren Nachbargegenden verschüttet. Auch haben dort die
nicht eingedämmten mächtigen Gebirgsströme grosse, früher
grasreiche Strecken mit ihrem Gerölle bedeckt. Die zweitgrösste Tief-Ebene ist die im Norden des Borgarfjords,
welche 20 ☐ Meilen beträgt und ebenfalls nur ein zusammenhängender Sumpf ist, der im Sommer die Sonnenwärme verschluckt und dadurch das Klima bedeutend verschlechtert.

Die meisten und grössten Flüsse des wasserreichen
Landes fliessen entweder in südlicher oder nördlicher
Richtung. Sie führen eine erstaunliche Wassermenge, sind
jedoch eher breit als tief und haben meist ein starkes
Gefälle. Schifffahrt kann nur auf wenigen betrieben werden,
da die Mündung fast aller versandet ist. In ihrem oberen
Lauf bilden sie zuweilen Fälle, die an Grossartigkeit und
Schönheit den berühmten der skandinavischen Halbinsel
nicht nachstehen. Die grössten Ströme sind im Nordlande
die vom Vatnajökull nordwärts fliessenden Jökulsá und
Skjálfandafljót, von 25 und 24 Meilen Länge. Ersterer
bildet den Dettifoss, den grössten Wasserfall des Landes,
Letzterer u. A. den Goðafoss, einen der schönsten, über
den in neuester Zeit eine Brücke gelegt wurde. Die
bedeutendsten Ströme des Südlandes sind die Þjórsá,
24 Meilen lang, die Hvítá, mit dem berühmten Gullfoss in
der Nähe des Geysers, die Ölfusá und eine zweite Hvítá,

welche in den Borgarfjord fällt und einige Meilen in das Land hinein schiffbar ist.

Auch an Binnenseen ist Island nicht arm; da sind der Þingvallasee, welcher 5—6 Meilen im Umkreis hat, der nicht viel kleinere Mückensee (Mývatn), der Lagarfljót, meist als Fluss betrachtet u. v. A.

Bemerkenswerth sind die vielen Buchten und Fjorde, mit denen das Meer tief in das Land schneidet und die Küste desselben bedeutend verlängert. Die meisten von ihnen, und deshalb auch die besten Häfen, sind im Nord- und Westlande. Der Breiðifjord, 18 Meilen, und der Húnaflói, 10 Meilen tief in das Land einschneidend, theilen eine nordwestliche Halbinsel von 170 ☐ Meilen Grösse, fast gänzlich vom Hauptlande ab. Sie sind zum Theil mit zahlreichen kleinen und grossen Felseninseln gefüllt, sowie auch solche, wie z. B. die Westmanna-Inseln, weiter draussen im Meere liegen. An den zwischen den einzelnen Fjorden laufenden Landzungen und Felsnasen bricht sich im Norden die gewaltige Dünung des Eismeeres, im Westen, Süden und Osten die des atlantischen Oceans, welche besonders an der Westküste furchtbar reissende Wirbel und Malströme erzeugt. Diese erstrecken sich weit hinaus in das Meer und bilden den sichersten Schutz gegen das vollständige Umlagern des Landes durch grönländisches Treibeis, das, von Wind und Strom herbeigeführt, oft in ungeheuren Massen die Nordküste und ihre Fjorde blockirt, jedoch nicht um die Vorgebirge des Westlandes nach Süden vordringen kann, da es von jenen

Malströmen zurückgetrieben wird. Trotzdem macht es sich im Süden bemerkbar durch kaltes und trockenes Wetter, das die Vegetation hemmt und Misswachs hervorbringt. Der Pflanzenwuchs Islands besteht hauptsächlich aus Gräsern. Auf ihnen beruht der Wohlstand des Landes, und obgleich sie keine besondere Höhe erreichen, sind sie doch von ausgezeichnetem Nahrungswerthe, so dass sie denen der besten Alpenweiden nicht nachstehen. Im Sommer schmücken sich die Grasflächen, Berghänge, ja hie und da auch die sonst unfruchtbaren Hoch- und Sandebenen mit bunten Blumen, unter denen die gelbe Farbe vorherrscht. Heidel- und Rauschbeeren giebt es in Masse, stellenweise auch Erdbeeren, auf den Bergen liefert das isländische Moos, am Meeresstrand eine essbare Tangart ergiebigen Ertrag. In den Gärten werden wesentlich Kartoffeln und Kohlarten gezogen, doch manche andere Gemüse würden auf Island gedeihen, wenn das Volk sich mit deren Pflege vertraut gemacht hätte. Auch Getreidebau könnte, wie es in der Blüthezeit Islands geschah, in bedeutenderem Umfange geübt werden, besonders in vom Meere entfernteren, vor Winden geschützten Thälern, mit aus den norwegischen Finmarken bezogenen Körnern, und vielleicht unter Benutzung der durch Leitungen von heissen Wassern hervorgerufenen Bodenwärme. Indessen würden die Kosten des heimischen Getreides wohl die des eingeführten übersteigen. An Baumwuchs ist Island arm. Zur Zeit der Besiedlung war das Land mit zwar niedrigen, aber weitausgedehnten, bis zur Meeresküste herabsteigenden Wäldern bedeckt; diese wurden jedoch von den Colonisten in unverantwortlicher Weise ausgebeutet, so dass sie heute auf ein, noch immer wenig geschontes Minimum reducirt sind. Unter den Hölzern ist die Birke fast alleinherrschend, doch ist auch die Zwergweide häufig. Der Vogelbeerbaum erreicht die grösste Höhe unter den isländischen Holzarten, welche ca. 20 bis 30 Fuss beträgt. Das Gedeihen des Baum- und Pflanzenwuchses wird gehemmt durch die Gewaltsamkeit der Stürme, die salzige und feuchte Luft, den hohen Schneefall, wesentlich aber durch die Kürze und Kühle der Sommer, deren mittlere Temperatur selbst an der Südküste nicht über $+ 9^0$ R., an der Nordküste aber blos bis $6^0$ R. steigt, und deren Länge nur drei Monate beträgt. Trotzdem ist das Klima im Vergleich zur nördlichen Lage als ein mildes zu bezeichnen. Was dem Sommer an Wärme fehlt, geht, unter dem Einfluss des die Südküste bespülenden Golfstromes, dem Winter an Kälte ab. In Reykjavik ist die mittlere Wintertemperatur — $1^0$ R., also dieselbe wie z. B. in Dresden oder Boston, die mittlere Jahrestemperatur $+ 3{,}3^0$ R., also höher als in Moskau und Petersburg. Selbst in Akureyri im Nordlande ist die mittlere Jahrestemperatur nur $0^0$ R. und um fast $4^0$ wärmer als z. B. in der früheren Universitätsstadt Åbo in Finland.

Das Thierreich ist nicht zahlreich vertreten. Füchse sind die einzigen einheimischen Raubthiere, Eisbären kommen nur zuweilen auf grönländischem Treibeis zur Insel. Rennthiere hat man — zum Schaden des Landes, wie man sagt, denn sie rotten das kostbare isländische Moos aus — im vorigen Jahrhundert eingeführt. Ratten und Mäuse sind mit den Schiffen nach Island gekommen. Unter den Nutzthieren ist die Bevölkerung, im Verhältniss zu ihrer Zahl, besonders reich an Schafen, Pferden und Hunden, doch ist auch der Rindviehbestand nicht unbedeutend, und giebt es Katzen, Ziegen und wenige Schweine. Wallfische, Wallrosse, Seehunde tummeln sich an Islands Küsten. Weniger beschränkt ist die Vogelwelt. Man zählt ungefähr 100 verschiedene Arten. Da giebt es Schneehühner, Adler, Falken, Eulen, Raben, Drosseln, Bachstelzen, Ammern, Zeisige, Zipplerchen, Steinschmäzer, Weissschwänze, Regenpfeifer, Rothbeinchen, Becassinen, Brachvögel, Strandläufer u. s. w. Die Gewässer beleben Singschwäne, wilde Gänse, wilde Enten, Möven, Seeraben, Sturmvögel, Taucher, Lummen u. v. A. Gezüchtet werden, jedoch nur an wenigen Orten, Gänse, Enten und Hühner. Amphibien fehlen gänzlich. An Fischen sind die Meere, Flüsse und Seen des Landes ungemein reich; man kennt mehr als 50 Arten, von denen die Dorsche, Heringe, Lachse und Forellen die für das Volk werthvollsten sind. Auch andere Meerthiere wie Quallen, Seesterne, Krabben etc. bewohnen die See um Island. Eine Landplage sind an vielen Orten die Mücken und Stechfliegen.

Island liegt, bis auf eine kleine Spitze im Norden, diesseits des Polarkreises. Die Mitternachtssonne ist deshalb nur auf jener äussersten Spitze und auf der nördlich vom Eyjafjord belegenen Insel Grimsey zu sehen. Sie bleibt dort um Johanni etwa acht Tage und Nächte lang über dem Horizont, Land und Meer mit ihrem milden Rosalichte übergiessend, verschwindet dafür aber um Weihnachten eine Woche lang gänzlich. Die Nächte vom Mai bis August sind indessen auch im Südlande fast tageshell. Die Sonne verbirgt sich dort zur Zeit der Wende nur auf etwa drei Stunden, streicht aber so nahe unterhalb des Gesichtskreises dahin, dass die Nacht eigentlich nur aus einem Verschmelzen des Abend- und Morgenrothes besteht. Unbeschreiblich schön ist dann das wechselnde Farbenspiel, welches Berg, Thal und Meer belebt. Kaum weniger genussreich sind für ein empfängliches Gemüth die nordischen Winter.*) Doppelt gross und hell als bei uns flimmern und glitzern da Mond und Sterne. Mit rothen, gelben, grünen Farben malt das hin und her, auf und ab wabernde Nordlicht die in weisses Gewand gekleidete Landschaft. Am kalten Wintertage zeigen sich Nebensonnen in allen Farben des Regenbogens; unter Schneegestöber erhellt plötzlich ein unheimlicher, bleicher Lichtschein die Luft. Ja, die intensive Farbe des Himmels kann der Schneelandschaft Farbe geben, so dass Alles ringsum blau erscheint. — Doch mit diesen Farbeneffecten lässt sich Islands Natur nicht genügen. Mit seltsamen, zauberischen Luftspiegelbildern neckt sie den Reisenden,

---

\*) Ich habe zwar keinen Winter in Island verlebt, dafür aber in dem allerdings nördlicher belegenen, jedoch ganz ähnliche Erscheinungen aufweisenden Finmarken.

die durch die Nacht flackernden Irrlichter locken ihn auf unrechte Wege, rings um seine Bahn senden die heissen Quellen ihre Rauchsäulen hoch in die Luft; hier bobbeln und wallen die Schlammquellen, dort steigt unter mehr oder weniger lautem Getöse eine Springquelle empor. Wenn aber die Stürme rasen, Sand und Steine von den Bergen fegen und als prasselnden Steinregen über die Niederlassungen dahinjagen, dann scheint in den Lavahöhlen, Felsschluchten und Klüften ein seltsames Leben zu wohnen, wunderbar klagende Töne durchziehen die Luft, bange birgt sich Mensch und Vieh vor den Geistern der Wildniss. Das Grauenhafteste ist, wenn Erdbeben die Eingeweide der Insel zerreisst, der Boden sich wie die Meereswelle hebt und senkt, den Vulkanen himmelhohe Feuergarben, ein platzendes, knallendes, leuchtendes Feuerwerk, entsteigen, die ungeheure Eisdecke der Bergriesen sich ungeschmolzen in Bewegung setzt und, thurmhoch, herniedergleitet, glühende Lavaströme sie durchbrechen und durch die bewohnte Niederung brausen, Ströme und Seen im Innern der Erde verschwinden oder sich aufbäumen zum gewaltigen Kampf gegen das feindliche Element. Ein unerträglicher Schwefelgeruch, giftige Gase und Dämpfe verpesten die Luft. Finsterniss deckt das Land, gespensterhaft leuchten die flammenden Berge. Dunkelgeballte Wolken von Asche und glühenden Steinen, durchzuckt von falben Blitzen, wälzen sich mit breiter Front vorwärts. Die Bewohner packt Entsetzen, sie fliehen bald da, bald dorthin, überall droht ihnen Verderben.

Hier der Steinregen, dort die Lava. Hier brechen siedende Wasser hervor, in denen Eisberge schwimmen, dort gleiten Alles verheerende Gletscher mit Windeseile näher. Das Thal erfüllt der tosende Strom. Am Hang krachen Bergstürze und Lawinen. Durch die Lüfte gellt die unwiderstehliche Windsbraut. — Der Isländer liebt sein Vaterland mit einer ausserordentlichen Gluth und hält es für „das beste Land der Welt". Die Bewohner leben meist in Einzelhöfen, weit verstreut über die dünn bebaute Insel. Bis vor Kurzem gab es ausser Reykjavik keine Orte, welche nur die Grösse eines deutschen Dorfes erreichten. Jetzt hat das Land drei Städte, Reykjavik, Akureyri und Ísafjord, von 500 bis 3000 Einwohnern, die einen wichtigen und sich weithin erstreckenden Export- und Importhandel treiben. Ausser den Städten aber sind Hafnarfjord, Stykkishólmur, Flatey, Seidisfjord, Eskifjord, Eyrarbakki Handelsplätze von 100 bis 500 Einwohnern, und noch mehr als 20 Kauforte liegen längs den fjordreichen Küsten. Reisen von einem Ort zum andern geschehen zu Pferde oder mit Schiff. Wagen kennt man selbst in Reykjavik nicht, so dass auch Waarentransporte im Lande nur auf Pferderücken geschehen können. Grosse Karavanen beleben im Sommer das öde Innere, oder ziehen längs den Küsten dahin. Strassen jedoch nach unsern Begriffen giebt es nicht, ebensowenig wie Brücken über die vielen tiefen und reissenden Ströme. Die Wege bestehen meist nur aus den Furchen, welche die in langer Reihe — der Kopf des nächsten immer an den Schwanz des vorhergehenden gebunden — einherziehenden Lastpferde, viele Jahre hindurch mit ihren Hufen getreten haben. Dennoch geschieht in neuester Zeit viel für Wegebesserung, indem Dämme durch Sümpfe gelegt, bequemere Stiege an Abhängen geschaffen, ja sogar einzelne Brücken gebaut werden. Das grösste Hinderniss für diese Arbeit ist ihre durch die Beschaffenheit des Landes und die weiten Entfernungen verursachte Kostbarkeit. Die Nachtquartiere auf den, zuweilen Wochen dauernden Reisen werden, wo es angeht, in der Nähe eines Bauernhofes, in den Wüsten jedoch bei einer grünen Oase aufgeschlagen, die den Pferden Gras und Wasser liefert. An solchen Lagerplätzen, zwischen den aufgeschlagenen Zelten, entfaltet sich dann ein buntes, romantisches Lagerleben, das die Strapazen des Tages vergessen macht. — Die andere Art des Reisens ist die mit Schiff. Zwischen einander näher gelegenen Orten kann man, sofern es Wind und Wetter erlauben, Ruder- oder Segelboot benützen. Im Uebrigen geschieht die Beförderung mit den Postschiffen, welche zwölfmal im Jahre von Kopenhagen nach Reykjavik laufen, oder mit englischen Dampfern, die im Sommer ebenfalls eine regelmässige Route einhalten. Die Postschiffe, von deren zwölf Fahrten nur zwei auf die fünf Wintermonate December bis April kommen, umdampfen im Sommer fünfmal, die englischen Fahrzeuge ungefähr dreimal die ganze Insel, laufen die hauptsächlichsten Häfen an und stellen dadurch eine einigermassen regelmässige Verbindung derselben unter einander her. Da jedoch Eis,

Wetter oder Meeresströmung den Besuch des einen oder andern Ortes, ja der ganzen Nordküste verhindern können — was leider häufig genug geschieht — so ist diese Verbindung stets eine unsichere. Wir lernten z. B. in Reykjavik eine dänische Dame kennen, deren Sohn in einem der Häfen des Nordlandes Kaufmann ist, und die sowohl 1882 als 1883 vergebliche Versuche gemacht hatte, ihn zu besuchen. Im ersteren Jahre hatte das Schiff, auf dem sie die Reise unternommen, des Eises wegen umkehren müssen, im zweiten aber hatte es sogar im Meereis Schiffbruch gelitten, musste an der nächsten Küste auflaufen, und die Dame, welche den langen Ritt durch das Land scheute, war froh, auf einem anderen Fahrzeuge heiler Haut Reykjavik und Kopenhagen wieder zu erreichen. Noch charakteristischer ist die folgende Erzählung. Eine Isländerin wollte im nächsten Fjord Verwandte besuchen. Da gerade ein englisches Schiff dorthin ging, nahm sie Passage auf demselben. Sie hoffte am folgenden Tage zurückreiten zu können und reiste deshalb ohne jegliches Gepäck. Das Schiff erhielt indessen auf der offnen See Wind und Strom gegen sich, so dass es jenen Hafen nicht anlaufen konnte. Unsere Isländerin wurde wohl oder übel mit nach England genommen, und da sie dort keine Bekannten hatte, machte sie sich auf den Weg nach Kopenhagen. Einen Monat später führte das dänische Postschiff sie nach Reykjavik. Leider war es nun so spät im Jahre, dass es keine Möglichkeit mehr gab die Heimath denselben Herbst noch erreichen zu können. Sie war gezwungen den Winter in Reykjavik zu verleben. Endlich im nächsten Sommer, nachdem sie, statt einen Tag, ein volles Jahr abwesend gewesen war, führte das erste die Insel umsegelnde Post-Schiff sie zu den Ihrigen zurück. — Die Häuser sind auf Island, ausser in den Städten, meist aus über einander gelegten breitem Grastorf, mit dazwischen ruhenden grossen Feldsteinen gebaut und haben nur nach der Front eine mit Brettern verkleidete und mit Fenstern versehene Giebelwand. Zu einem Bauernhof gehören sechs und mehr solcher Erdhäuser, welche, mit den breiten Seiten neben einander stehend und mit Grasdach versehen, sich in der Landschaft wie eine Reihe grüner Hügel ausnehmen. Jedes Haus enthält 1—4 Räume, im letzteren Fall zwei unten und zwei unter dem Dach. In den Städten und Handelsorten baut man Häuser wie bei uns aus Stein und Holz. Die 299 Kirchen sind selten aus Erde, meist von Holz, in sieben Fällen aus Steinen aufgeführt. Steinbauten sind übrigens nicht praktisch für die so weit nördlich belegenen Länder, indem in den kurzen, kühlen Sommern die Sonne nicht Kraft hat die massiven, vom Winter mit Feuchtigkeit durchzogenen Wände genügend auszutrocknen. Das grösste Steinhaus Islands, und das Einzige, welches im Aeusseren einige Kunst verräth, ist das hübsche, im romanischen Stil erbaute Alldingsgebäude in Reykjavik. Letztere Stadt mit 3000 Einwohnern zeigt eine Mischung der eingeborenen Weise das Dasein zu führen mit europäischer Cultur, welche durch den zahlreichen Beamten- und Kaufmannsstand vertreten wird. Viele der in der Gesellschaft hochstehenden Damen tragen jedoch noch stets die unter dem Volke ausschliesslich gebräuchliche Landestracht, welche von den Herren gänzlich abgelegt ist. Auf den Färöern ist es umgekehrt; dort hat sich die nationale Tracht bei den Männern erhalten, während die Frauen sie verworfen haben. Die Isländerinnen unterscheiden zwischen Alltags- und Feiertagskleidung; besonders charakteristisch bei beiden ist der Kopfputz. Als gewöhnliche Kopfbedeckung, die nie abgelegt und sowohl im Haus wie auf der Strasse getragen wird, dient eine flach anliegende, durch Nadeln befestigte, kleine schwarze Mütze, mit lang herabfallender seidner, von einem breiten Gold- oder Silberring zusammengehaltener Quaste. Diese, im Verein mit dem kokett aus dunklem Mieder hervorschauenden, blendend weissen Vorhemdchen, giebt den isländischen Damen etwas Keckes, Frisches, das ihnen wohl ansteht. An Feiertagen aber krönt das Haupt ein weisser, mit weissem zurückgeschlagenen Schleier verdeckter, nach vorn übergeneigter Helm, dessen Rand um Stirn und Haar durch einen goldenen Reif verdeckt ist. Die Taille umschliesst dann ein oft sehr kostbarer Gürtel von Edelmetall, zuweilen ein altes Erbstück der Familie.

Viele Geschlechter der Insel führen ihre Ahnenreihe zurück bis auf die alte Zeit und einige können sich rühmen von Königen und Fürsten abzustammen. Aus ihnen rekrutirt sich zumeist der Beamtenstand. Sie sind fast alle unter einander verschwägert, halten zusammen, bilden eine Geschlechts-Aristokratie und zugleich eine Bureaukratie, gegen die es schwer ist aufzukommen, und die zuweilen dem wahren Fortschritt hindernd im Wege steht. Die besten und hervorragendsten Männer des Landes sind solchen alten Familien entsprossen. Viele derselben haben nach dänischer Sitte einen Familiennamen angenommen, während andere patriotisch genug denken, um die allgemein gebräuchliche Weise der Namengebung zu befolgen, nach welcher der Sohn den Vornamen des Vaters mit der Endung -son, die Tochter mit der Endung -dóttir annimmt. Weder Geschwister noch Eheleute haben also einen gemeinsamen Namen, der Mann kann z. B. Snorri Sæmundarson, die Frau Sigriður Helgadóttir heissen, während Sohn und Tochter Snorrason und Snorradóttir genannt werden.

Die höchste Einnahme eines Kaufmanns auf Island betrug bisher ca. 32000 Kronen (35800 Mark), der höchste Gehalt eines Beamten (des Landeshauptmannes) ist im Ganzen ca. 15000 Kronen (16875 Mark), der reichste Bauer hatte 1881 aus seinem ungefähr 80000 Kronen (90000 Mark) gewürdigten Landbesitz ein Einkommen von 3320 Kronen (3735 Mark). Leider wird ein solcher Besitz durch Erbvertheilung bald wieder zerstückelt.

Die Ausfuhr des Landes umfasst hauptsächlich Wolle und wollene Waaren, Fische, Pferde, Schafe, Federn, Daunen, Talg, Schaffleisch, Häute etc. Einführen müssen die Isländer Alles, was zur materiellen Cultur gehört. Sie sind gezwungen alle Baumaterialien (selbst Lehm und Kalk nicht ausgeschlossen), alle Getreidesorten, sowie auch die Manufactur- und Colonial-Waaren, Metalle, Steinkohlen, Salz etc.

vom Auslande zu beziehen. Und dennoch hat der Isländer unter der jahrhundertelangen Monopols-Tyrannei lernen müssen ziemlich unabhängig vom Ausland zu leben. Er hat sich gewöhnt sein Haus aus Grastorf zu bauen, mit der möglichst geringen Anwendung von Holz. Statt des Brodes isst er getrockneten Fisch. Fleisch, Milch, Butter, Eier, frischen Salz- oder Süsswasserfisch, isländisches Moos, Haidebeeren besitzt er in Ueberfluss. Seine Schafe geben ihm Wolle zur Kleidung; Schafe, Pferde und Kühe Leder zu Schuhen und Geräthen; Eidergänse ihre Daunen. Zu Brennmaterial benutzt er Torf, Birkenbuschholz — wo es solches giebt —, Schafmist, getrocknete Fischabfälle, Tang.

Der hauptsächlichste Betrieb der Isländer ist Viehzucht. Der Bauer speculirt jedoch auch nebenbei in den reichen Fischereien, macht Jagd auf Vögel — deren Fleisch und Eier er isst, deren Federn er benutzt —, auf Füchse, Rennthiere und zuweilen auf Eisbären. Er ist sein eigener Baumeister, Schmied, Sattler, Schuhmacher, Tischler und in jedem Handwerk, das er braucht, erfahren. Er ist ferner der Lehrer seiner Kinder, ein schlagfertiger Improvisator oder sogar reimgewandter Dichter, und versteht seine Meinung in kürzeren oder längeren Zeitungsartikeln auszusprechen. Unter Seinesgleichen ist er keineswegs so sauertöpfisch, zurückhaltend, schweigsam und ernst, wie er sich meist den seine Sprache nicht verstehenden Fremden zeigt, sondern im Gegentheil, sein Naturell ist lebhaft, munter, ja ausgelassen, doch vorherrschend weich gestimmt. Es macht deshalb seine durch Sagas genährte Vorliebe für Erzählungen, in denen Kampf, Mord, Blutbad die Hauptsache sind, einen fast komischen Eindruck, da sie so gar nicht seinem Wesen entspricht. Bezeichnend für diese Vorliebe ist die Aeusserung einer alten Frau: „die Evangelien sind nicht unterhaltend, in ihnen steht nichts von Kampf." Ein Ueberrest der alten Streitbarkeit mag es jedoch sein, dass drei Isländer nicht wohl eine halbe Stunde beisammen sein können, ohne in einen hitzigen Wortstreit zu gerathen. Wir können sie darin als unsere Brüder erkennen.

Wie die im Vorhergehenden aufgezählten mannigfachen Beschäftigungen des Bauern zeigen, ist er ein vielseitig geschickter und relativ gebildeter Mann. Man darf sagen, einen aufgeklärteren Bauernstand giebt es nicht in Europa. Ich habe auf meinen Ritten im Land ein paar Bauern kennen gelernt, die das Gymnasium in Reykjavik besucht hatten, mehrere, die drei Sprachen (Isländisch, Dänisch, Deutsch) sprechen oder wenigstens lesen konnten, viele, welche neben ihrer Muttersprache Dänisch verstanden, alle aber waren sie bewandert in Geschichte und Literatur, nahmen regen Theil am politischen Leben des Vaterlandes, und hatten in Folge der Lectüre populär geschriebener Bücher, an denen die isländische Sprache gar nicht arm ist, und ihrer Zeitungen und Zeitschriften ganz gesunde, und durchaus nicht auf den nächsten Gesichtskreis beschränkte Begriffe und Anschauungen. Wenn nun viele Reisende den Mangel an äusserer Bildung beim isländischen Bauern hervorgehoben und von diesem, da sie seine

Sprache nicht verstanden, auch auf eine tief stehende
geistige Bildung geschlossen haben, so ist Letzteres unrecht, Ersterer aber zu entschuldigen durch die vom Weltverkehr entfernte Lage der Insel und die tyrannische Behandlung, welche ihre Bewohner zu erdulden hatten. Erst
in den letzten Jahrzehnten ist hierin eine Aenderung eingetreten. Die aufwachsende Generation zeigt aber auch
einen ganz erstaunlichen Fortschritt. Es ist überhaupt ein
erfreuliches Ringen und Streben nach vorwärts im isländischen Volk, ein Aufblühen in allen Richtungen. Der Bauer
ist zwar seiner ganzen Natur nach conservativ (und nicht
etwa Republikaner, wozu man ihn hat stempeln wollen, da er
sich unterstand nach Gleichberechtigung mit den dänischen
Unterthanen des gemeinschaftlichen Königs zu streben),
im Festhalten am Alten ist er noch bestärkt worden durch
so viele gut gemeinte, aber unüberlegte, ihm aufgezwungene
Versuche zu „Verbesserungen", welche meistens missglückten, ja zum Theil zum grössten Schaden des Landes
ausschlugen — so hatte die Einführung fremder Schafe,
behufs Veredlung der heimischen Race, jene Schafseuche
zur Folge, welche 1856—1876 dem Wohlstand des Landes
einen schwer zu verwindenden Stoss beibrachte —; dennoch
sieht man überall im Lande ganz achtungswerthe Versuche
den alten Schlendrian aufzugeben und den Verhältnissen
angepasste Neuerungen einzuführen, sowohl im Betriebe
der Fischerei und des Handels, als im Betriebe der Landwirthschaft und Viehzucht. Nur muss man von einem
soeben erst (seit Aufhebung des Monopols 1854) zu neuem

Leben erwachten Volke nicht zu viel auf einmal verlangen. Ein zu rascher Fortschritt hat auch seine Gefahren.

Unter den Verbesserungen der letzten Jahrzehnte will ich als Beispiele anführen, dass man schon jetzt in ausgedehntem Maasse sich zur Fischerei solider Deckfahrzeuge bedient, statt der früheren gebrechlichen offnen Boote; dass zwar noch immer Franzosen, Norweger und Färöerbewohner den hauptsächlichsten Fischfang an den Küsten Islands innehaben, die Eingebornen aber ihnen nicht unbedeutende Concurrenz zu machen beginnen, und streng auf Befolgung ihrer Gesetze durch die Fremden achten; dass ferner der Handel des Landes nicht mehr ausschliesslich in dänischen Händen ist, sondern isländische Handelsbeflissene und Gesellschaften mit ihnen einen vielversprechenden Wettkampf eingegangen sind; ja, dass man ernstlich daran denkt, dem hauptsächlichsten Hinderniss hierbei, dem Capitalmangel, durch Errichtung einer Bank für Island abzuhelfen.

Auch in der Landwirthschaft schreitet man vorwärts, obgleich da zum Theil noch sehr ursprüngliche Zustände herrschen. Das gedüngte Land beschränkt sich oft auf einen unbedeutenden Grasfleck um das Haus, dem sogenannten tún. Ausser diesem gehören zum Gute Berghalden, Thäler, Sümpfe, Haiden, Lavastrecken, auf denen das Gras wächst, wie Mutter Natur es giebt. Geheut wird blos auf dem Tún, oder an solchen Stellen, wo der Graswuchs auch ohne besondere Pflege eine angemessene Höhe erreicht. Die sonstigen Ländereien dienen den Pferden, Kühen und

Milchschafen zur Weide. Die übrigen Schafe aber werden hinausgejagt in die Gebirge und Einöden, wo sie im Sommer sich von den kräftigen Alpenkräutern nähren und fett werden. Kommt der Herbst in's Land, so versammeln sich die Bauern einer Landschaft zum „Berggang". Da zieht man hinaus die Thiere in der Wildniss aufzusuchen und an einen bestimmten Ort zusammenzutreiben. Dort finden sich nun die Eigenthümer ein, jeder sucht aus der Heerde die ihm gehörigen, durch bestimmte Zeichen, meist an den Ohren, kennbar gemachten Thiere aus, die Weiber und Mädchen kommen hinzu, und es entfaltet sich unter freiem Himmel, im still-einsamen Felsthale ein Volksfest, das unserer Kirchweih oder unserem Erntefest entspricht. Da wird der noch von alten Zeiten her unter den jüngeren Burschen beliebte Ringkampf geübt, bei dem es mehr auf Achtsamkeit und Geschicklichkeit in der Benutzung allerhand erlaubter Kniffe und Pfiffe ankommt, als auf Stärke, da werden Volkslieder gesungen, da wird getrunken, da herrscht ein freies, fröhliches Treiben.

Früher stand oft der Viehstand in keinem Verhältniss zu dem Heuertrag des Gutes. Da wurden selbst im harten Winterwetter die armen Pferde und Schafe hinausgetrieben sich ihr Futter unter dem Schnee zu suchen, wenn das Heu zu Ende war. Dies geschieht zwar bei vielen Bauern auch jetzt noch bei gutem Wetter, man düngt aber im Allgemeinen besser, man sucht mehr Land zu einer geregelten Cultur heranzuziehen, man hält nicht mehr Thiere, als man im Winter ernähren kann, ja, hier und da findet man Viehzüchter, die Futter auf ein ganzes Jahr im Vorrath haben, um den Folgen eines Misswachses vorzubeugen. Die Wolle wurde früher über das ganze Land den Schafen im Frühjahr nach und nach abgerupft, je nachdem das Thier den Winterpelz abwarf. Jetzt scheert man im Nordlande und mancherorten auch im Südlande die Thiere wie bei uns und gewinnt dadurch eine viel kernigere und kräftigere Wolle. Statt wie früher Fleisch und Fisch für den Winter nur einzusalzen, hat man begonnen dasselbe in hermetische Büchsen einzukochen, so dass man selbst im Winter und auf Reisen mit frischem Fleisch versehen ist. Auch im Bau der Häuser und deren Möblirung ist ein Fortschritt bemerkbar, und wenn auch Vieles noch beim Alten ist, z. B. die vandalische Ausrottung des wenigen Buschwaldes, den die Insel besitzt, so sind die Besserungen doch so allgemein, so in die Augen fallend, ja so relativ rasch vorwärtsgehend, dass man von der Zukunft das Beste für die kleine Nation erhoffen darf. Nicht Energie und Lust zum Fortschritt fehlt derselben, sondern Leitung, Beispiel, Capital und Menschenkraft.

## 2. Geschichte.

In den Jahrtausenden, da im Südosten Europas die griechische Cultur sich entwickelte, von der römischen, ihrer Schülerin, abgelöst wurde, da letztere mit der christlich-orientalischen ein Bündniss einging, durch die Germanen erschüttert, sich neue Lebenskraft aus dem Herzen dieser urwüchsigen Völkerschaften sog und endlich den ganzen Süden und Westen, sowie den Kern Europas bis hinauf an die Eider in ihr Joch spannte — lag Island öde und unbekannt im fernen Norden, wie die Ostküste Grönlands zumeist noch heutzutage. Erst im 8. und 9. Jahrhundert n. Chr. fanden irländische und normännische Schiffe den Weg zu seinen Gestaden.

Im 9. Jahrhundert hatte die römisch-christlich-orientalische Cultur das nationale Leben der meisten südgermanischen Stämme gebrochen, sie aus Wodan-Verehrern zu Christen, aus freien Männern, denen das Kampfspiel die höchste Lust war, zu mehr oder weniger willkürlich regierten Staatsbürgern, Kirchgängern, Mönchen gemacht, ihre alte Literatur in den Bann gethan und den Gothen und Franken selbst die Sprache geraubt. Zu den Nordgermanen hinauf war indessen ihr Einfluss noch nicht gedrungen, in Skandinavien entwickelte sich die heidnischgermanische Cultur ungehindert in nationaler Richtung. Die Antwort jener reisigen Stämme auf die ersten aggressiven Versuche der christlichen Cultur waren die Wikingerzüge, jene Normannenplage, welche die Küsten Europas heimsuchte. Nicht waren diese Normannen Barbaren; im Gegentheil, sie zeigten durch ihre Manneszucht, ihre überlegene Kriegertüchtigkeit, ihre eisernen, vorzüglich gearbeiteten Waffen, ihre Meisterschaft im Schiffsbau und in der Seefahrt die hohe Culturstufe, auf welcher sie standen. Ja ihr Heidenthum, ihr das ganze Leben durchdringender und heiligender Götterglaube war in mancher Hinsicht sittlicher und ansprechender, als das damals meist äusserliche, heuchlerische und wenig befestigte Christenthum vieler süd-germanischer Völker.

Die kühnen normännischen Seefahrer waren aber nicht allein ausgezogen das Kriegsspiel zu versuchen. Viele derselben siedelten sich in den eroberten Landschaften an und gründeten sich daselbst neue Wohnstätten. So entstanden die normännischen Reiche und Niederlassungen an den Küsten der pyrenäischen Halbinsel, Frankreichs, Englands, Irlands, Schottlands, auf den zwischen deutschem und atlantischem Meere belegenen Inseln und endlich auf Island, Grönland und der Westküste Nordamerikas. Manches dieser neu gegründeten Staatswesen bestand viele Jahrhunderte lang und entwickelte eine erstaunliche

Kraft und Macht, Keines aber ward von so grosser Wichtigkeit für die germanische Welt, wie der isländische Freistaat. Es war in den Jahren 860—870, dass Normannen zum ersten Mal den Boden Islands betraten. Sie schilderten es daheim in verschiedener Weise, die einen als öde und unwirthlich, die anderen als gastlich, ja einige behaupteten sogar dort „tropfe Butter von jedem Grashalm". Der erste Besucher hatte es „Schneeland" getauft, nach dem zweiten ward es „Garðarshólmr" genannt, der dritte, Flóki Vilgerðarson, gab ihm den Namen „Ísland", weil er die Fjorde und Buchten desselben mit Meereis angefüllt fand. Der erste Ansiedler hiess Ingólfr Arnarson. Er warf bei Annäherung an das Land, im Jahre 874, seine Thronsäulen, die Abzeichen der Würde eines Familienvorstehers, auf denen Götterbilder ausgeschnitzt, und die für heilig angesehen wurden, in das Meer hinab, um es den Göttern zu überlassen ihm den Ort seiner Niederlassung zu bestimmen. Er beschloss nämlich seinen Wohnsitz da aufzuschlagen, wo diese Hölzer an das Land treiben würden. Man fand sie an der Südküste des „Faxafjord", so genannt nach einem Mann, der diesen Meerbusen von 18 Meilen Breite für die Mündung eines ungeheuren Stromes angesehen hatte. Hier erbaute sich Ingólfr seinen Häuptlingssitz, und an demselben Orte steht heutzutage die Hauptstadt Reykjavík.

Die meisten Einwanderer erhielt Island, als König Harald, gegen Ende des 9. Jahrhunderts, die vielen einzelnen Königreiche Norwegens zu einen Gesammtstaat vereinte und die auf den Inseln jenseits des Nordmeeres belegenen normännischen Reiche unter seine Botmässigkeit brachte. Die Könige und Edlen, welche zu stolz waren sich zu unterwerfen, wandten sich mit ihren Getreuen nach dem fernen Eislande, um dort ihre Freiheit, ihre staatliche Stellung aufrecht zu erhalten. So waren es vorzugsweise herrschende und edle Familien, die Island besiedelten. „Es hat wohl kaum je eine Bevölkerung gegeben, die im Verhältniss zu ihrer Zahl so viele grosse Geschlechter, so viel Hochgeborenheit, so viel vornehmes Blut gehabt hat, als die isländische in den ersten Jahrhunderten nach des Landes Bebauung." (Sars.) Diese Einwanderung erfolgte in den auf 870 folgenden fünfzig Jahren und gab dem Lande die Volkszahl, welche es ernähren konnte. Die wenigen irischen Christen, die es bewohnt hatten ehe Normannen dahin kamen, und nach denen noch einzelne Orte an der Südküste benannt sind, zogen sich scheu zurück vor diesem Strom der heidnischen Einwanderung.*)

Hier auf Island, unter den edlen Bewohnern desselben, „der crème de la crème des normännischen Stammes" (Sars), entwickelte sich die national-germanische Cultur zu einer zwar einseitigen, da blos nordgermanischen, aber auf diesem engeren Gebiete wahrhaft classischen Blüthe.

Drei Jahrhunderte lang marschirten die Isländer in

---

*) Dennoch ist viel irisches Blut unter den Isländern, ja man glaubt, ein Viertel der altisländischen Namen als irischen Ursprungs bezeichnen zu können.

gewisser Hinsicht an der Spitze der nationalen nordischen Civilisation. In Künsten und Handwerken waren sie bewandert. Ihr Handelsverkehr mit dem Ausland war ein bedeutender; sie waren es, die Grönland (Eirikr der Rothe, 982) und Amerika (Leifr der Glückliche, 1000) entdeckten und besiedelten. Reichthum herrschte unter ihnen; sie entfalteten zum Theil eine überraschende Pracht. Ihre Kleidung bestand aus Pelzwerk, Wolle, Leder, Leinwand, Seide, nicht selten mit eingewebtem Gold und Silber oder kunstvollen Stickereien. Bei festlichen Gelegenheiten hüllte sich der Einzelne in Scharlachgewänder, ein ebensolcher, mit Pelz verbrämter Mantel umwallte seine Schultern, sein Haupt war mit goldenem Helm bedeckt, den Hals und Arm schmückten goldene oder silberne Spangen, oft Kunstwerke an feiner Arbeit, das Schwert war mit Gold und Silber ausgelegt und mit Edelsteinen besetzt. Der Kleidung entsprach das Sattelzeug der Pferde. Die Wohnungen, nicht wie jetzt aus kleinen Erdhütten bestehend, zeigten bei hervorragenden Männern, wie z. B. Snorri Sturluson, wahrhaft fürstlichen Glanz. Ja, isländische Aristokraten erschienen selbst Königstöchtern als annehmbare Parthien, so erhielt z. B. Loptr Sæmundarson die Hand der Tochter des norwegischen Königs Magnús II. und führte sie heim nach Island.

Vom 11. Jahrhundert ab besuchten isländische Jünglinge und Männer in nicht geringer Anzahl die berühmtesten Wissenschaftssitze in Deutschland, Frankreich, Italien. Schulen erstanden im Lande; wir wissen, dass schon um das Jahr 1100 die lateinischen Classiker daselbst gelesen wurden. In der Heilkunde zeichnete sich u. A. Hrafn Sveinbjarnarson aus. Ein Mann Namens Þorsteinn der Schwarze erdachte, als man das Jahr von 364 Tagen zu kurz fand, die Schaltwoche, welche er alle sieben Jahre einfügte, und welche 960 vom Allding gesetzlich anerkannt wurde. Theologische, sprachwissenschaftliche, kalendarisch-computistische, juristische, genealogische, geschichtliche, biographische, poetische und erzählende Schriften der alten Isländer, zum Theil von classischem Werthe, sind in grosser Menge auf uns gekommen. Ihnen danken wir die Pflege und Sammlung der alten germanischen Göttermythen und Volkslieder. Ohne die hohe Cultur, welche sie den nationalen Werth jener Dichtungen und Volkserinnerungen erkennen liess, ohne den Sammelfleiss der Isländer, wüssten wir wenig von den Gottheiten unserer Väter, von den alten Recken, von den dereinst die Herzen bewegenden, das innere Leben und Weben der Vorfahren treu wiederspiegelnden Liedern. Die „Edda" verpflichtet uns zu ewigem Dank gegen Island. —

Wir haben erwähnt, dass sich auf Island der am eigenthümlichsten ausgeprägte Theil der normännischen Aristokratie niedergelassen hatte. Aber indem sich hier eine Menge hochgeborener Familien begegneten, deren point d'honneur geschärft, deren politische Intelligenz ausgebildet war, deren Ideenkreis sich weit über das Gewöhnliche hinaus erweitert hatte, wurde es möglich, dass sich schon bald nach seiner Besiedlung auf dem öden

Lande am Nordpol ein fest in sich geschlossenes Staatswesen entwickelte, welches mehr als drei Jahrhunderte lang allen inneren und äusseren Stürmen trotzte. Da, wo die Thronsäulen der Familien-Oberhäupter, wie man glaubte auf göttliches Gebot, an das Land trieben, entstanden bald neben den Wohnhäusern Tempel. Jeder der edlen Colonisten, der es vermochte, errichtete einen solchen seinem und der Umwohnenden starken religiösen Bedürfniss zu genügen. Der Besitzer des Gotteshauses stand naturgemäss dem Gottesdienste vor, wie dies ja auch in der alten Heimath eine Pflicht der Fürsten und Häuptlinge gewesen war. So entstanden kleine Gemeinden, deren Haupt der Tempelbesitzer wurde. Er erhielt infolge hiervon den Namen „Goði" (Tempelpriester). Gesetz und Recht waren auf das Engste mit der Religion verknüpft, bei den religiösen Zusammenkünften wurden die Rechtsstreitigkeiten und gemeinsamen Angelegenheiten abgemacht, sie wurden zum „Ding", bei welchem man gern dem Goden eine Art Vorsitz einräumte, wie man es in Norwegen gewohnt gewesen. So bildeten sich aus den religiösen kleine sociale Gemeinwesen, welche „Goðorð" genannt wurden. Freiwillig aber war der Beitritt der Einzelnen zu diesem Verband, freiwillig nahmen sie es auf sich dem Goden zur Bestreitung öffentlicher Angelegenheiten eine jährliche Abgabe zu zahlen, ihn zu bewirthen, wenn er umherzog auf Recht und Ordnung zu sehen, seinem Aufgebot zu folgen, wenn er sein Gebiet nach aussen hin vertrat.

Diese Godord bestanden geraume Zeit zusammenhangslos neben einander, sie wurden zu politischen Gemeinwesen durch feindliche oder freundliche Berührung. Ein solcher Zustand musste indessen, wie die Goden bald einsahen, zu vielen Unzuträglichkeiten führen, ja zum Ruin der gemeinsamen Freiheit. Das Bedürfniss nach weiteren Vereinigungen, nach Zusammenschluss der vielen kleinen Staaten zu einem Gesammtstaat machte sich immer energischer geltend. Man suchte ihm abzuhelfen durch Verbindung mehrerer Godord zu einem gemeinsamen Ding, das die höhere Instanz gegenüber den Dingen der einzelnen Godord bilden sollte. Doch auch dieser Nothbehelf zeigte sich als ungenügend. Und nun bewies sich die Staatsklugheit, der hohe Sinn des eingewanderten Adels in eclatanter Weise. Freiwillig gaben die regierenden Herren einen Theil ihrer Selbstherrlichkeit, ihrer Freiheit auf, die allgemeine Freiheit und Sicherheit zu festigen. Sie beschlossen sich einem für die ganze Insel, für Hoch und Nieder geltendem Gesetze zu unterwerfen. Ein angesehener Mann, Namens Ulfljótr, ward 927 nach Norwegen gesandt, ein solches nach Muster dort geltender Gesetze auszuarbeiten. Sein Werk wurde die Grundlage des isländischen Freistaats, dessen Verfassung sich im Verlauf des 10. Jahrhunderts vollständig entwickelte. Diese erkannte nur eine begrenzte Anzahl Godord als zu Recht bestehend an (anfänglich nur 39, später 51). Sie behielten ihr eigenes Ding wie bisher, je drei derselben hatten sich aber zu einem gemeinsamen Ding für über das communale hinausgehende Angelegenheiten zusammenzuschliessen. Das ganze Land ward weiter in vier Viertel getheilt, nach den Himmelsgegenden. Jedes Viertel enthielt neun Godord, das Nordland aber zwölf. Die höchste Instanz in jeder Beziehung, der Ausdruck für die staatliche Zusammengehörigkeit, sowie die gesetzgebende Macht des Staates war das Allding (Alþingi), zu welchem sich, vom Jahre 930 an, alljährlich einmal die Blüthe des gesammten Volkes vereinte. Der Vorsitzende dieser Versammlung, der Gesetzsprecher, dessen Schiedssprüche unumstösslich waren, der jedoch ausserhalb des Alldings nur wenig Macht besass, war der erste Beamte des Landes, der vornehmste Mann desselben. Seine Pflicht war es die Landesgesetze im Gedächtniss zu bewahren, und jedes Jahr einen Theil derselben dem Allding vorzutragen. An diesem, von den Goden geleiteten und zusammengesetzten Ding, das auf der hierfür von Grímr Geisschuh ausgesuchten Þingvallaebene gehalten wurde, spielten sich die glänzendsten Züge aus dem geschichtlichen Leben Islands ab, hier entfaltete das Land seinen ganzen Reichthum an geistigen und irdischen Gütern. Als Schlussstein der Verfassung aber ward im Jahre 1000 die christliche Religion durch Alldingsbeschluss zur Staatsreligion erhoben, nachdem, von 981 an, erst ein sächsischer Bischof, Namens Friedrich, in Begleitung des Isländers Þorvaldr Koðránsson, später der Priester Þangbrandr einen grossen Theil der Isländer bekehrt, das isländische Volk aber das Bestehen zweier so verschiedener Religionen für das Vaterland unheilvoll erkannt hatte.

Den Goden war, durch Beibehaltung der Godord und den überwiegenden Einfluss auf die Verhandlungen des Alldinges, die frühere Macht, wenn auch in anderer Gestalt, ziemlich ungeschwächt erhalten. Die Einführung des Christenthums indessen bedrohte dieselbe in ihren Wurzeln, da sie ja aus dem heidnischen Tempeldienst emporgewachsen war. In wahrhaft genialer Weise parirten die Goden diesen ihre Existenz gefährdenden Stoss: sie wandelten die ihnen gehörigen, auf ihrem Grund und Boden errichteten Tempel zu christlichen Kirchen, liessen sich selbst die Priesterweihe geben, oder — was später häufiger wurde — übten ein unbeschränktes Patronatsrecht aus, und waren nach wie vor Vorsteher in dem von der Ding-Gemeinde besuchten Heiligthum. Sie wurden durch diese Politik zu Reisen in das Ausland gezwungen, wo sie die Weihe suchen mussten bis Island im Laufe des 11. Jahrhunderts eigene, aus der Aristokratie des Landes gewählte Bischöfe erhielt. Sie waren zu umfassenden Studien genöthigt, um ihre verschiedenen Pflichten erfüllen zu können. Es resultirte hieraus, sowie aus der Vorliebe der Isländer für Skaldendichtung und Sagaerzählung, welche sie zum Studium der Götter- und Heldensagen, der Geschichte des eigenen Landes und der Nachbarländer, zu gewinnbringendem Aufenthalt an den verschiedenen nordischen Königshöfen trieb, eine hohe Bildung der leitenden Kräfte im Lande, die von überaus segensreichem Einfluss war. Ja, wissenschaftliche Bildung ward unter den isländischen Aristokraten ebenso Ehrensache, wie in andern Ländern körperliche Fertigkeiten und Kriegertüchtigkeit — obgleich sie auch solche keineswegs vernachlässigten. Und dies rege Geistesleben behielt einen durchaus nationalen Anstrich, es ward nicht in die Fesseln der lateinischen Sprache gezwängt, es wurde nicht von fanatischen ausländischen Kirchenfürsten und Priestern bedroht, sondern die Cleriker des Landes waren der Blüthe der Nation entnommene, vaterlandsliebende Männer, an ihren Schulen sammelte sich das wissenschaftliche Leben der Insel wie in einem Brennpunkte. Die isländische Kirche stand bis 1104 unter deutschen Erzbischöfen, von diesem Jahre ab unter den Erzbischöfen zu Lund, welche zu fern waren, um einen Druck auf die geistlichen Zustände Islands ausüben zu können. Eine erstaunlich reiche, nationale Literatur blühte empor, der Handel florirte, die Edlen brachten an Kriegsbeute, Dichterlohn oder Königsgaben grossen Reichthum in das Land. Der Verkehr in demselben war ein lebhafter, die jährlichen Dinge, besonders das Allding, die nationalen Festtage, Gastereien und Erbmähler vereinten die Landsleute zu glänzenden Versammlungen, auf welchen die landesüblichen Spiele, Ring- und Wettkämpfe, Dichtung, Sagaerzählung die Stunden kürzten. Doch die Frucht reifte, die Frucht fiel.

Das Christenthum hatte bisher die heidnisch-germanische Culturentwicklung nicht abgebrochen, es war nicht, wie sonst überall, als Vorkämpfer der lateinischen Cultur aufgetreten, nein, es hatte sich den heimischen Culturelementen unterordnen, ja in ihren Dienst treten müssen.

Diese nebensächliche Stellung des Christenthums war dem Geist der katholischen Kirche geradezu widersprechend. Es konnte nicht ausbleiben, dass dieselbe mit der Zeit einem solchen Zustand der Dinge ein Ende zu machen bemüht war. Island hatte im Jahre 1054 zu Skálholt und 1105 zu Hólar eigene Bischofssitze erhalten. Je nachdem die christliche Anschauung im Volke erstarkte, erhielten diese Bischöfe, welche mit ihrer geistlichen auch weltliche Fürstenmacht vereinten, einen weitgehenden Einfluss auf die inneren Angelegenheiten des Landes; sie traten als Schiedsrichter in den Streitigkeiten der Grossen auf, ja einige derselben regierten durch die Macht ihrer Persönlichkeit die Insel fast unbeschränkt. Im Jahre 1152 erhielten Norwegen und Island (sowie auch Grönland) einen eigenen Erzbischof, mit Sitz in Drontheim. Von diesem, welcher bald den isländischen Dingen eine ernste Aufmerksamkeit zuwandte, beeinflusst, begannen die Bischöfe nun energisch auf eine strengere Durchführung der katholischen Kirchenordnung zu dringen. Es war vor allem die Vereinigung des geistlichen und weltlichen Amtes in den Händen der Goden, die Patronstellung der Letzteren, das Eigenthumsrecht derselben über die Kirchen, die Beweibung der Priester, das Waffentragen derselben, welche Gegenstände des Streites wurden. Aber hiermit ward die Ordnung der Dinge auf Island in ihrem Fundamente bedroht, denn, wie wir gesehen haben, beruhte ja eben die weltliche Macht der Goden auf ihrer Eigenschaft als Vorsteher und Besitzer des gemeinschaftlichen Gotteshauses.

Der Sieg der Hierarchie konnte nicht ausbleiben, er wurde indessen beschleunigt und erleichtert durch den gegen Ende des 12. Jahrhunderts beginnenden Verfall des isländischen Staatsgefüges und die Zwietracht der Grossen untereinander. Die Ordnung der Dinge innerhalb der isländischen Republik war gegründet auf das Gleichgewicht der Mächte im Staatsleben. Des Bauern Beitritt zu einem Godord war ein freiwilliger, er konnte zu einem andern übertreten, sobald es ihm beliebte. Auch konnten die Goden selbst durch Missbrauch ihr Amt verwirken. Das Godord hing am Besitz des Häuptlingsitzes und seines Tempels, es konnte wie jedes anderes Vermögensstück mit demselben verkauft, abgetreten oder vererbt werden. Durch ihre Zahl und das dadurch erzielte Gleichgewicht in der Macht waren die Goden geschützt vor dem ihnen durch Volksgunst, Reichthum, Gewalt der Persönlichkeit „über den Kopf Wachsen" eines Einzelnen. Doch bald veränderte sich dieser Zustand der Dinge. Die Aristokratie verheirathete sich fast ausschliesslich nur untereinander. Dadurch wurde ihre Lebensfähigkeit geschwächt. Durch die unaufhörlichen Fehden im Inland, die kriegerischen Züge in das Ausland, die gründliche Ausübung der Blutrache, Krankheiten u. s. w. verminderte sich die Zahl der regierenden Familien. In einzelnen Händen flossen durch Kauf oder Vererbung mehrere Godord, floss die höhere Macht zusammen und erweckte die Lust zum Missbrauch derselben, das Verlangen nach überwiegendem Einfluss. Den Bauern ward es immer schwerer gegenüber ihren Goden einen eigenen Willen geltend zu machen, den Uebergriffen zu steuern, sich denselben durch Austritt aus dem Godord zu entziehen. Das Gleichgewicht war dahin, der dem Machtmissbrauch anzulegende Hemmschuh verloren, die friedliche Entwicklung, welche bis tief hinein in das 12. Jahrhundert gedauert hatte, gestört. Es beginnt die Zeit der Bürgerkriege, da die Fürsten des Landes Tausende von waffentüchtigen Männern zu blutigen Schlachten gegen einander führten, da Einzelne über Blut und Leichen der Alleinherrschaft zustrebten.

Schon in der letzten Hälfte des 12. Jahrhunderts nahmen die Streitigkeiten der Grossen untereinander und mit der Hierarchie für das Bestehen der Republik gefahrdrohende Dimensionen an. Hier vermittelnd, dort, besonders gegenüber den Bestrebungen des Bischofs Þorlákr Þórhallsson, † 1193, ernsten Widerstand leistend, wusste Jón Loptsson, † 1197, einer der mächtigsten Grossen Islands in jener Zeit, die bestehende Ordnung aufrecht zu erhalten. Nach seinem Tode aber ward die Macht der Gegner bisheriger Staatseinrichtungen, der Verächter geltender Gesetze und Rechte immer grösser. Die Streitigkeiten der Grossen wurden zu blutigen Ausrottungskriegen und Schlächtereien, die Kirche wusste durch eifrige und energische Diener ihrer Interessen eine Forderung nach der andern durchzusetzen. Ein solcher war der Bischof Guðmundr Arason (1202—1237). Die von diesem ehrgeizigen und leidenschaftlichen Mann hervorgerufenen Streitigkeiten gaben dem Erzbischof in Norwegen Gelegenheit seine Autorität in allen kirchlichen Fragen definitiv zu befestigen. Er entbot den Bischof sowohl, wie seine Gegner zu sich, es gelang ihm die Widerstrebenden zu zwingen seinem Gebote Folge zu leisten, und von nun an lag der Schwerpunkt für die geistlichen Angelegenheiten des Landes ausserhalb desselben, was denn bald die Besetzung der Bischofsstühle mit Ausländern und zwar mit Norwegern, ohne alle Mitwirkung des isländischen Volkes zur Folge hatte.

In Norwegen hatte sich die Hierarchie nicht so hoch zu heben vermocht, dass sie — wie in Deutschland — der Staatsgewalt über den Kopf gewachsen wäre; sie stand dort unter der Krone. Dies erleichterte dem König Håkon (1217—1263) seine Pläne auf Erwerbung Islands, indem er hierbei die Autorität seines Erzbischofes und der nach der Insel beschickten norwegischen Bischöfe zu benutzen wusste. Man hatte in Norwegen nicht vergessen, dass Normannen die ferne Insel bevölkerten und hatte in den verlaufenen Jahrhunderten stetig versucht dieselben unter die norwegische Hoheit zurückzuführen. Dies war bisher stets gescheitert. Die Bürgerkriege des Freistaats schienen nun dem König eine passende Gelegenheit diesen Plan durchzuführen. Er schürte die inneren Unruhen und warf sich zugleich zum Vermittler zwischen den streitenden Parteien auf. Durch gegenseitige Eifersucht blind gemacht, über den eigenen ehrgeizigen Plänen das Wohl, die Freiheit des Vaterlandes ausser Augen setzend, nahmen die kriegführenden Grossen diese Vermittlung an, reisten selbst nach Norwegen, dem König ihre Angelegenheiten vorzutragen, seinen Schutz anzurufen. Dies benutzte derselbe die Einen willkürlich zurückzuhalten, Andere als seine Vasallen, unterstützt von seinem Einfluss, zurückzusenden. Als Entgelt mussten diese versprechen in ihren Gebieten die Stimmung zu Gunsten eines Anschlusses an Norwegen zu beeinflussen, die solchem Anschluss widerstrebenden Männer auf Island zu verfolgen und zu tödten. Einst drohte der König sogar mit einem Kriegszug nach Island. Die dem Hause der Sturlunger angehörigen Fürsten Snorri und Sturla Sighvatsson versprachen, um die Kriegsgefahr abzuwenden, das Vaterland unter die Botmässigkeit des Königs zu bringen. Sturla ward jedoch von seinen Widersachern Kolbeinn Arnórsson, aus dem Geschlechte der Skagfirðinger, und Gissurr Þorvaldsson, aus dem Hause der Haukthäler, 1238 in der Schlacht bei Örlygsstadt geschlagen und getödtet, Snorri, der eher auf Vermehrung der eigenen Macht, als auf Erfüllung seines Versprechens bedacht gewesen und sich einen grossen Theil des Landes unterworfen hatte, auf seinem Hofe zu Reykholt im Jahre 1241 ermordet. Gissurr und Kolbeinn waren nun die mächtigsten Männer auf Island, ihnen trat jedoch bald der Sturlunge Þórðr Sighvatsson, ein Bruder des Sturla, feindlich gegenüber. Zwar wurde er in einer Seeschlacht 1244 von Kolbeinn geschlagen, dennoch gelang es ihm schon im Jahre 1246, infolge Kolbeinn's Tod (1245), und 'seines Sieges bei Haugsnes die Macht der Skagfirðinger zu brechen. Gissurr und Þórðr vermochten sich jedoch nicht wegen der Herrschaft über Island zu einigen. Ihre Streitigkeiten legten sie dem König Håkon zur Schlichtung vor. Dieser unterstützte den Sturlunger Þórðr in seinen auf Alleinherrschaft gerichteten Bestrebungen, unter der Bedingung, dass er die Anerkennung der königlichen Hoheit über Island durchsetze. Þórðr ward nun drei Jahre lang der mächtigste Mann des Landes. Bischof Heinrekr zu Hólar, ein Norweger, meldete indessen dem König, dass er keine Miene mache des Königs Pläne zu fördern. Dieser wendete infolge hiervon seine Unterstützung dem Gissurr zu, welchen er bisher in Norwegen zurückgehalten hatte, und sandte ihn 1252 in Begleitung des Þorgils Skarði, ebenfalls ein Sturlunger, nach Island, während er Þórðr, den nach Norwegen zu locken ihm geglückt war, zurückhielt. Schon jetzt hatte er eine ansehnliche Reihe Godord in seinen Händen vereinigt und sich in einzelnen Landestheilen huldigen lassen; seine Einmischung aber, die Streitigkeiten zwischen Þórð's Anhängern und Gissurr, sowie die des Letzteren, welcher ebenfalls des Königs Unterstützung nur zur Erhöhung der eigenen Macht ausbeutete, mit dem königstreuen Þorgils und dem Störenfried Bischof Heinrich brachten die isländischen Wirren zu ihrem Höhepunkt. Der unzuverlässige Gissurr ward abermals zurückgerufen, und da auch Bischof Heinrich das Land verliess, näherte sich Þorgils einem überwiegenden, für die Zukunft der Insel verheissungsreichen Ansehen. Am 22. Januar 1258 ward er jedoch ermordet und hiermit der hervorragenden Macht der Sturlunger ein Ende gemacht, wenn auch einzelne Angehörige des Geschlechts noch später unter des Königs Oberherrschaft die höchsten Aemter des Landes bekleideten. Die Sturlungenzeit aber ist die classische Periode Islands. Da entfaltete sich das geistige Leben desselben zu ungeahntem Glanz, zu bewundernswerther Blüthe. Die in dieser Zeit unter den Isländern entstandenen Literatur- und Wissenschaftswerke werden ebenso unvergänglich fortleben wie die der Griechen zur Zeit eines Perikles.

Abermals griff König Hákon jetzt auf den Haukthäler Gissurr zurück, ernannte ihn zum Landgrafen (Jarl) über Island und sandte ihn im Jahre 1258 dorthin, mit dem Befehl Ruhe und Frieden herzustellen und die Bauern zu einer Schatzleistung an ihn, den König, zu vermögen. Gissurr nahm die Würde eines Grafen gern an, beherrschte unter dem Rang eines solchen — wenn auch nicht ungestört — fast das ganze Land, unterliess jedoch abermals des Königs Absichten durchzuführen. Da Hákon indessen wusste, dass viele Häuptlinge einer Unterwerfung unter ihn nicht abgeneigt seien, dass die Bauern nach Frieden um jeden Preis verlangten, sandte er 1262 den Norweger Hallvarðr Goldschuh mit energischen Instructionen nach Island. Diesem gelang es endlich den letzten Widerstand gegen die Unterwerfung unter die norwegische Krone zu brechen. Auf dem Allding des Jahres 1262 huldigte der grösste Theil Islands dem König, 1264 der Rest. Der Freistaat hatte aufgehört zu existiren. Die beiderseitigen Rechte und Pflichten aber wurden von König und Volk in einer Acte niedergelegt, welche besonders Island seine Selbständigkeit in allen inneren Fragen gewährleistete.

Der König Hákon der Alte starb 1263; sein Nachfolger Magnús überliess dem Grafen Gissurr die Regierung des Landes, bis derselbe 1268 mit dem Tode abging. Er befahl für dasselbe ein neues Gesetzbuch auszuarbeiten, welches die neue staatsrechtliche Stellung Islands nöthig gemacht hatte, und das seiner Strenge wegen „járnsida" (Eisenseite = der eiserne Arm) genannt wurde. Da dasselbe dem Volke nicht genehm war, liess der König aus altisländischem und norwegischem Recht ein neues Gesetzbuch zusammensetzen, welches, Jónsbuch genannt, 1281 vom Allding angenommen wurde und bis in die neueste Zeit hinein Geltung hatte. Der Machtumkreis des Alldings wurde nun bedeutend beschränkt, die Godenwürde aufgehoben und an ihrer Stelle Sysselmänner (Bezirksvorsteher) eingesetzt; anstatt des Gesetzsprechers wurden zwei „lögmenn" (Gerichtsvorsitzende) beschickt, und an die Spitze der Verwaltung trat ein königlicher Befehlshaber.

Trotz der den Isländern vorbehaltenen Autonomie begannen die Könige bald sich in die innern Fragen des Landes zu mischen und des Alldings Macht immer weiter in das Schattenhafte hinabzudrücken. Sie versuchten die höchsten Aemter an Ausländer zu verleihen, ungesetzliche Abgaben zu erheben, ja verpachteten die Einkünfte des Landes auf Jahre hinaus an Leute, welche die Bauern auf alle Weise zu bedrücken und auszusaugen bestrebt waren. Auch die Hierarchie griff in die bestehenden Rechte ein indem sie die Kirchen aus dem Besitz der Laien loszulösen und unter die Bischöfe zu stellen bemüht war, indem sie die Machtbefugniss der meist ausländischen Bischöfe erweiterte. Diese Bestrebungen der Geistlichkeit durchzuführen glückte vor Allem dem eifrigen Bischof Árni Þorláksson († 1297), von seiner Zeit an hatten die Bischöfe die vorzüglichste Gewalt im Lande, sowohl in kirchlichen als weltlichen Angelegenheiten. Weniger erfolgreich waren die Könige. Die alte Kraft und Zähigkeit zum Widerstande, das Freiheitsgefühl der Inselbewohner war noch nicht gebrochen, sie setzten nicht selten der Gewalt Gewalt entgegen, vertrieben die königlichen Beamten, ja lieferten denselben Schlachten, in deren einer (1362) der königliche Befehlshaber den Tod fand.

Solche Zwiste vermehrten sich gegen Ende des 14. Jahrhunderts, als das norwegische Königshaus seinem Absterben entgegenging, Norwegen mit andern skandinavischen Landen in Personalunion trat, und endlich 1388 mit Dänemark unter einer Krone vereint wurde. Die dänischen Könige, mit dem skandinavischen Unionsgedanken beschäftigt, wendeten wenig Aufmerksamkeit dem fernen Schatzlande zu. Blutige Fehden zwischen den Grossen, Mord und Todschlag waren wieder alltäglich, dazu kamen Misswachs und Hungersnoth, furchtbare Vulkan-Ausbrüche, Erdbeben, die ganze Landschaften verwüsteten, verheerende Krankheiten. Die Pest raffte in den Jahren 1402 und 1403 allein zwei Drittel der Bevölkerung hinweg, viele Geschlechter starben ganz aus — nur acht Geschlechter können auf die Zeit vor der Pest zurückgeführt werden — von der Geistlichkeit überlebten nur drei Priester, drei Diaconen und in den neun Klöstern nur ein Mönch die Seuche. Viele Ländereien wurden zur Wildniss und der Wohlstand, die Kraft des Landes war auf Jahrhunderte hinaus gebrochen. Im 13. und 14. Jahrhundert hatte der isländische Handel meist in den Händen der Stadt Bergen in Norwegen gelegen. Im 15. Jahrhundert begannen Deutsche, Holländer, vorzüglich aber Engländer die Küsten des Landes zu befahren und denselben an sich zu reissen. Die Isländer hatten manchen Vortheil hiervon, die Britten verspotteten jedoch häufig die Gesetze und fuhren mit grossen Haufen raubend, mordend und sengend über das Land, so dass die Isländer Heeresmacht sammelten und sie in der Schlacht bei Mannskaðahóll (1434) vollkommen besiegten, 80 tödteten und die Uebrigen versprengten. Dennoch dauerten die Räubereien fort und auch die dänischen Könige vermochten denselben kein Ende zu machen. Im Jahr 1494 kam mit englischen Schiffen abermals eine verheerende Epidemie in das Land, der viele Tausende Menschen erlagen, nur 26 Priester blieben von der Geistlichkeit des Nordlandes übrig. Die weltlichen obersten Beamten des Landes raubten und plünderten anstatt auf Recht und Ordnung zu sehen, ihrem wüsten Treiben konnte das geschwächte Volk nicht mehr den früheren Widerstand entgegensetzen, obgleich es noch stets — gleichsam wie mit krampfhaften Zuckungen — sich dagegen aufbäumte. Seine letzte Widerstandskraft brach die gewaltsam eingeführte Reformation, indem sie durch Hinwegräumung der katholischen Hierarchie dem Lande die einzige Macht raubte, die ein Gegengewicht gebildet hatte gegen die Königs- und Beamten-Gewalt. Auch die zum Theil sehr bedeutenden Reichthümer der katholischen Kirche wurden dem Lande entzogen, und die Bildung, deren Repräsentant sie in ihren bessern Zeiten gewesen, verwischt. Die Kämpfe, welche die Reformation begleiteten, sind charakteristisch für die Zustände auf Island. Ögmundr Pálsson wurde 1521 Bischof zu Skálholt und Jón Arason 1524 Bischof zu Hólar. Beide waren einander feind und zogen 1526 mit Heeresmacht zum Allding, um sich dort zu bekämpfen. Dies wurde verhindert, doch kam es zum Zweikampf zwischen je einem Mann von jeder Partei, welcher den Zwist entscheiden sollte. Ögmund's Kämpfer trug den Sieg davon. Die durch Luther hervorgerufenen Freiheitsregungen im geistigen Leben zwangen die Bischöfe zur Eintracht, und als Dänemark 1533—1536 durch Bürgerkrieg zerfleischt wurde, regierten sie gemeinsam das Land. Bischof Jón Arason verpflanzte im Jahre 1520 die Buchdruckerkunst nach Island, um sie als Waffe gegen den neuen Glauben zu gebrauchen.

Der durch den Krieg auf den dänischen Thron gelangte König Kristian III. war ein Freund der Reformation. Dieselbe ward 1536 gewaltsam in Dänemark eingeführt, unter Beibehaltung einiger äusserer katholischer Gebräuche, wozu unter Anderem gehört, dass die obersten protestantischen Kirchenbeamten den Titel Bischof fortführen. Der

König wollte auch Island zur Glaubensänderung zwingen und sandte Männer dahin seinen Willen zu verkünden und auszuführen; das Letztere gelang jedoch nicht, ja die Dänen wurden, da sie übermüthig die Klöster überfielen und plünderten, ermordet (1539). Im Jahre 1541 schickte der König hierauf zwei Kriegsschiffe nach Island. Der Bischof Ögmundr, ein 80jähriger Mann, ward gefangen und später nach Dänemark geführt, und dem Allding der Wille des Königs vorgelegt. Unter dem Druck der Umstände nahmen die zum Bischofthum Skálholt gehörigen Theile der Insel die neue Religion und einen protestantischen Kirchenfürsten an, während Jón Arason zu Hólar und mit ihm die Nordlande am katholischen Glauben festhielten. So blieben die Dinge bestehen bis im Jahre 1548 der neue Bischof Gissurr in Skálholt mit dem Tode abging. Da schien es Jón Arason an der Zeit diesen Bischofsitz dem alten Glauben zurückzugewinnen. Heftige Kämpfe erfolgten, an denen der alte Bischof mit seinen Söhnen — auf Island war die Priesterehe von der Goden-Zeit her im Gebrauch geblieben, wenn sie auch officiell unerlaubt war — theilnahm. Es gelang dem streitbaren Jón der Macht des Königs zu trotzen, die Dänen zu vertreiben, den neuen Bischof Marteinn von Skálholt in seine Hand zu bekommen (1549), und sich fast ganz Island zu unterwerfen.

Nun hatte Island einen eingeborenen Herrscher, der alte Glaube ward wieder gepredigt, die Klöster von Neuem besetzt. Doch nur kurze Zeit konnte Jón Arason sich seines Sieges erfreuen. Einem persönlichen Feind des alten Helden, mit Namen Daði Guðmundsson, gelang es denselben zu überraschen, als er wenig Mannschaft bei sich hatte. Er wurde nach verzweifelter Gegenwehr gefangen, dem königlichen Beamten übergeben, nach Skálholt gebracht und am 7. Nov. 1550 mit seinen Söhnen daselbst enthauptet. Doch die Rache folgte auf dem Fusse. Die erbitterten Nordländer sammelten, angeregt durch des Bischofs Tochter, einen Heerhaufen, zogen gen Süden und tödteten die königlichen Beamten sowie alle Dänen, die ihnen in die Hände fielen. Der König sandte hierauf drei Kriegsschiffe nach Island, die Nordländer, ohne Führer, unterwarfen sich endlich im Sommer 1551, schworen den Huldigungseid und nahmen den lutherischen Glauben an. Damit war die letzte Freiheitsregung auf Island erstickt.

Die Veränderungen im Staatsleben, welche die Reformation im Gefolge hatte, waren von eingreifender Bedeutung für das Land. Ein grosser Theil der früher den Bischöfen zustehenden Rechte ging über in die Hand des Königs und seines Landeshauptmannes, wie der oberste Beamte Islands von nun an hiess. Hierdurch ward die Königsgewalt im Lande übermächtig. Die gesetzgebende Gewalt des Alldings sank mehr und mehr zu einem Nichts zusammen, indem die Verlesung der vom König selbstherrlich gegebenen Gesetze genügte, um sie gültig zu machen. Die Bischöfe verloren die Verwaltung der Kirchengüter, sie wurden von den Königen eingesetzt. Alles

Eigenthum der Klöster und Bischofsitze ward königliches Lehen, die durch Verkauf derselben gewonnenen Summen flossen in die dänische Staatscasse. Die Bischofzehnten und Strafgelder wurden dem König entrichtet und gingen somit ebenfalls aus dem Lande. Die Pfarrämter wurden von der Obrigkeit besetzt, obgeich das Volk das Recht hatte, seine Geistlichen selbst zu wählen. Um die Machtbefugniss der protestantischen Geistlichkeit entstanden heftige Streitigkeiten zwischen dieser und den Laien, ebenso zwischen den Beamten und Bauern wegen der königlichen Lehen, die Jeder zu erringen strebte. Der König ward in solchen Zwisten als Vermittler angerufen und erhielt dadurch mehr und mehr freie Hand, sich in die inneren Angelegenheiten zu mischen. Er that dies auch in ausgiebigem Maasse und das traurigste Denkmal dieser Einmischung war das Handelsmonopol, das Island demselben Schicksal wie Grönland zuzuführen schien, nämlich dem Aussterben und Untergang.*)

---

*) Grönland, im 10. Jahrhundert von Island aus besiedelt, war im Mittelalter ein blühender Freistaat nach isländischem Muster. Wir besitzen manche daselbst entstandenen Literaturdenkmäler. Der Handel mit Europa war ein lebhafter. Im Jahre 1000 wurde das Christenthum daselbst eingeführt, ca. 1125 erhielt es ein eigenes Bisthum und fiel in der Mitte des 13. Jahrhunderts an Norwegen, um mit diesem 1388 an Dänemark überzugehen. Die verkehrte Handelspolitik der Könige, welche den Handel mit Grönland monopolisirten und deshalb stocken machten, so dass dem armen Lande alle Zufuhr von aussen fehlte, ja die Kenntniss des Weges dahin verloren ging, gab der von räuberischen Einfällen der Eingeborenen und von der Pest heimgesuchten Colonie den Todesstoss. Der letzte Bischof in Grönland starb 1378, die letzte Nachricht aber, die von

„Sobald man den Handel in der Monopolszeit nennt, stehen jedem menschlich denkenden Betrachter die Haare zu Berge!"

In den letzten Jahrhunderten hatten Engländer, Holländer und Deutsche den Handel mit Island betrieben und das Land befand sich wohl dabei. Die dänischen Kaufleute sahen jedoch mit scheelem Blick auf diesen Zustand, sie wünschten den Vortheil des isländischen Handels für sich zu haben und wussten die Könige zu bewegen, denselben gegen eine jährliche Abgabe an sie zu verpachten und den Ausländern zu verwehren (1602). Island hatte, als es sich den Königen unterwarf, die Bedingung gestellt, dass dieselben das Land jährlich mit einer Zufuhr von sechs Schiffsladungen der nöthigsten Einfuhrsartikel versehen sollten. Hieraus folgerten sie, dass der isländische Handel ein ihnen zustehendes Regale sei. Es erging deshalb jetzt ein strenges Verbot an die Isländer mit Anderen Handelsverkehr zu pflegen, als mit den vom König hierzu berechtigten dänischen Kaufleuten. Island, das kein Bauholz, kein Brennmaterial, keinen Getreidebau und vieles Andere zum Leben Nothwendige nicht besitzt, ist gezwungen dies Alles einzuführen, die Mittel hierzu aber durch den Ertrag seiner Viehzucht und seines Fischfanges zu schaffen.

---

dort herüber kam — ein Schmerzensschrei um geistliche und weltliche Hülfe in der grausamen Verlassenheit — stammt aus dem Jahre 1448, aus ungefähr derselben Zeit, da die ebenfalls norwegischen Orkneys und Shetland von den dänischen Königen an Schottland verpfändet wurden. Seitdem ist Alt-Grönland, nach einem staatlichen Leben von ca. 450 Jahren, versunken und vergessen.

Die nächste Folge des Monopols war, dass die Kaufleute den Preis der nothwendigen Einfuhrsartikel zu einer gegen früher drei- ja vierdoppelten Höhe emporschraubten, die Ausfuhrsartikel aber zugleich im Werthe sinken liessen. Ein zweites, haarsträubendes Ergebniss, dass $1/6$ der Bevölkerung Islands allein in den ersten Jahren nach Einführung des Monopols den **Hungerstod** starb. Eine weitere, dass alle einheimische Seefahrt aufhören musste, der Unternehmungsgeist im Volke abstarb, man sich bei seinem Fischerei- und Viehzuchtsbetrieb mit schlechten, unzureichenden Geräthschaften zu behelfen gezwungen war, dass man sich auf die Fischerei in offenen Booten, die wenig Ertrag lieferten und bedauerlich viele Menschenleben kosteten, beschränken musste — waren doch Decksboote so theuer und der Preis des Fisches nicht im Verhältniss zu den Kosten der Ausrüstung eines solchen —, dass die Ausländer, besonders Franzosen, anstatt den isländischen Fisch in dänischen Häfen theuer zu kaufen, selbst Schiffe ausrüsteten, welche an den Küsten Islands dem Fischfang oblagen, und somit der französische Markt den Isländern bis auf den heutigen Tag entzogen ist,\*) und mancher andere directe und indirecte Schaden mehr, worunter nicht der geringste, dass alle Vortheile des isländischen Handels seit fast drei Jahrhunderten —

---

\*) Im Jahre 1864 belief sich der Werth des Fisches, welchen die Franzosen an Islands Küsten fingen, auf 16 Millionen Francs, während die Isländer im gleichen Jahre kaum für $1^1/_2$ Mill. Francs ausführten. (Paykull).

denn so lange bestand das Monopol und noch heute giebt es wenig eingeborene Kaufleute auf Island — nach Dänemark fliessen, während die Entstehung eines Bürgerstandes, die Ansammlung von Vermögen auf der fernen Insel unmöglich gemacht wurde. Dass aber den Isländern nicht das Schicksal der Norweger bereitet, ihnen nicht auch die Sprache geraubt, und Dänisch in Schule und Kirche aufgezwungen wurde, haben sie allein ihrer fernen Lage, ihrem rauhen Klima zu danken, das dänischen Beamten und Städtern wenig verlockend erschien. Erst in den letzten Jahrzehnten erdreisten sich Isländer wieder zu grösseren Unternehmungen, erst jetzt versuchen einzelne Bauern die gebrechlichen offnen Boote, die im Winter 1883—84 wieder eine grosse Anzahl Menschenleben kosteten, gegen Decksboote zu vertauschen, kurz, die Folgen der Handelstyrannei sind bis auf den heutigen Tag in trauriger Weise fühlbar.

Trotz der herzbewegenden Bitten und Klagen über ungenügende Zufuhr, schlechte, ja unbrauchbare und verdorbene Waare, verfälschtes Mehl u. s. w. blieb die dänische Regierung auf der einmal betretenen Bahn. Man erreichte nur, dass im Laufe der Jahrhunderte, unter Beihülfe der Kaufleute, für den Werth der isländischen Aus- und Einfuhrsartikel bestimmte Taxen festgesetzt wurden, wobei die Ersteren abermals bedeutend im Preis herabgedrückt, die Letzteren aufgeschraubt wurden. Der geringste Verstoss gegen das Monopolsgesetz ward mit Gefängniss- und Prügelstrafe und Verlust der Habe geahndet, auch die

4*

Tortur ward angewandt, um Geständnisse zu erzwingen. Die Geschichte des 17. und 18. Jahrhunderts beschränkt sich denn auch fast nur auf die Registrirung der durch das Monopol verursachten Nothstände, der Heimsuchungen, welche das bedauernswerthe Land zu erdulden hatte, von Menschen- und Viehseuchen, Erdbeben und Vulkan-Ausbrüchen, Wasser- und Sturm-Verheerungen, sowie räuberischen Einfällen.

Um 1627 besuchten türkische Piraten Island und raubten und mordeten daselbst. In einem Kampfe mit den Landesbewohnern besiegt, segelten sie nach den an der Südküste belegenen Westmännerinseln, plünderten dort, und führten schliesslich gegen 400 Isländer gefangen nach Algier, wo sie als Sklaven verkauft wurden.

Das 17. Jahrhundert war die Zeit der Hexenprocesse, und auch auf Island starben ca. 30 Menschen den Feuertod. Es wurden damals fast alle alten mit Runen geschriebenen Literaturdenkmäler der Vor-Zeit vernichtet, denn der Besitz eines Runenbuches, dem man Zauberkraft zuschrieb, war genügend einen Mann in's Verderben zu bringen.

Am 28. Juli 1662 ward durch Intrigue und Ueberraschung des Alldinges die erbliche Alleinherrschaft des Königs auch für Island zum Gesetz erhoben. Derselbe beschickte in der Folge einen besonderen Finanzbeamten, den Landvogt, sowie einen Amtmann, der mit dem Allding die Justiz in Händen hatte, und einen Befehlshaber als oberste Behörde der Insel. Es kamen nun alle Angelegenheiten erst über die dänische Kanzlei und Rentenkammer zu Handen des Königs, während dies früher direct geschehen war. An den alten Gesetzen des Landes wurden theilweise Aenderungen durchgeführt.

Der Ausbruch der Hekla 1693 hatte ein gewaltiges Viehsterben zur Folge und verheerte das Land weithin. Die Blattern rafften 1707 ungefähr 18000 Menschen, mehr als den dritten Theil der Bevölkerung, hinweg, ein Verhältniss, das für Deutschland den Tod von 15 Millionen bedeuten würde. In der Mitte des 18. Jahrhunderts kam abermals ein Sechstel der Bevölkerung, zum Theil des Monopols wegen, in Hunger und Elend um. Die Regierung musste dasselbe der Handelsgesellschaft entziehen (1758), damit das Land nicht ganz und gar aussterbe. Trotzdem wurden bald darauf die neuen Inhaber überführt, gänzlich ungeniessbares Mehl zu hohen Preisen nach Island geworfen zu haben, und hatten Macht genug, die ersten Regungen daselbst, durch Gründung eigener Aktiengesellschaften den vaterländischen Handel in die Hände zu bekommen, bei denen der edle Vaterlandsfreund Skúli Magnússon (1711—1793) die höchste Energie entfaltete, zu ersticken. Die isländischen Unternehmer verloren in dem ihnen aufgezwungenen Process all' ihr Eigenthum.

Die Jahre 1755 und 1764 sind erinnerungswerth durch die fruchtbaren, besonders infolge des Sandregens weithin verheerenden Ausbrüche der Vulkane Katla und Hekla. 1762 brach eine Viehseuche aus, die den Schafbestand — den grössten Reichthum der Insel — auf die Hälfte reducirte. Besonders aber werden die Jahre 1783 und

1785 den Isländern unvergesslich bleiben. Da erfolgte jener berüchtigte Ausbruch des Vulkans Skaptárjökull, der schrecklichste, von dem überhaupt die Weltgeschichte zu erzählen weiss. Erdbeben erschütterten das Land, Finsterniss verbreitete sich über dasselbe, unterirdischer Knall und Donner erschreckte unaufhörlich die Bewohner, Feuergarben stiegen zu unermesslicher Höhe, brennende Wolken zogen einher, leuchtende Blitze zuckten ringsum, rothglühende Felsen wurden hoch in die Luft empor geschleudert, wo sie infolge der Abkühlung mit entsetzlichem Knall zersprangen und die Nacht mit einem intensiven Lichte weithin erhellten. Die Erde brannte, das Eis der Berge schmolz und gewaltsam ergossen sich siedende Wasserströme in die Thäler, über die Niederungen. Ihnen folgte mit reissender Schnelligkeit die Lava. Der Kampf derselben mit dem Wasser war ein unbeschreiblich wilder, grauenhafter. Das Feuer siegte; Flüsse, mächtige und tiefe Ströme wurden ausgetrocknet. In ihren Betten floss die Lava mehr als zehn deutsche Meilen weit dahin, dieselben ausfüllend, ja Thäler von 600 Fuss Tiefe zwischen den Bergen verschüttend, so dass sie zu Ebenen wurden. In den Niederungen aber breitete sie sich bis auf drei Meilen hin aus, wo sie an Berge stiess, bäumte sie sich auf und floss auf sich selbst zurück, die inzwischen abgekühlte Rinde mit entsetzlichen Explosionen zersprengend.

Die Folgen des Ausbruches waren die traurigsten. 37 Orte waren verwüstet, ihre Fluren verschüttet. Der Asche- und Bimsteinregen ward vom Winde über die ganze

Insel getrieben und zerstörte die Weide. Schädliche Gase vergifteten die Atmosphäre und Brunnen. Zu Tausenden starben Vieh und Menschen. Letztere, hungernd, infolge des Monopols ohne genügende Zufuhr von aussen, verschlangen das Fleisch der gefallenen Thiere oder griffen zu altem Leder, ungegerbten Häuten und den unglaublichsten Gegenständen ihren Hunger zu stillen. Die Bevölkerung, welche Anfang des Jahrhunderts mehr als 50 Tausend, 1783 fast 48 Tausend zählte, sank bis 1786 herab auf kaum 38 Tausend. Seit Besiedlung der Insel aber war dies der 80. der geschichtlichen Vulkanausbrüche auf Island, von denen viele, besonders die der Hekla, welche bis heute allein 27 mal gespieen und eine Tagereisen umfassende, früher fruchtbare Landschaft verwüstet hat, ebenfalls auf die schrecklichste Weise wütheten.

Als Folge des ungeheuren Unglücks, das Island betroffen hatte, und von dem es sich nicht wieder erholen zu können schien, erwachte bei der dänischen Regierung der Gedanke die Bevölkerung aus Island hinwegzuführen, und mit derselben die Haiden Jütlands zu besiedeln. Ehe man dazu schritt ward jedoch ein Comité eingesetzt um die Ursachen für den Rückgang des Landes zu untersuchen, und dieses fand den Hauptgrund nicht im Lande selbst, sondern in den durch das Monopol geschaffenen Zuständen. Da wurden 1786 und 1787, nach fast zwei Jahrhunderten, die Handelsfesseln soweit gelockert, dass allen Unterthanen des dänischen Königs, doch keinen Ausändern, der Verkehr mit Island freigegeben wurde. Schon die hierdurch entstehende mässige Concurrenz trug für das Land gute Früchte. Nach zwei Jahren waren die inländischen Waaren viel doppeltmal im Werthe gestiegen,*) der Wohlstand vermehrte sich, die Bevölkerung, welche das ganze Jahrhundert hindurch langsam abgenommen hatte, wuchs bis Anfang 1800 um 23%, die Anzahl der dänischen Schiffe, welche Island jährlich besuchten, stieg bis 1790 um mehr als das Doppelte. Der dänischen Regierung erschien dieser Fortschritt vielleicht zu rasch, es machten sich wieder unter den Kaufleuten Privatinteressen geltend, und dem Handel wurden 1792 und 1793 abermals gewisse Beschränkungen auferlegt. Die Folge war, dass die Zahl der nach dem Lande segelnden Schiffe wieder um die Hälfte zurückging. Und als in den Kriegsjahren im Anfang des 19. Jahrhunderts englische Kreuzer die Nordsee unsicher machten, warnte dieselbe Regierung, welche ausländische Zufuhr nach Island verboten hatte, die dänischen Schiffer, das sich überlassene Land zu besuchen. Nur den Engländern, welche selbst Schiffe schickten, und einzelnen dänischen Fahrzeugen zu passiren erlaubten, ist es zu danken, dass nicht abermals Hungersnoth ausbrach. Trotzdem ging die Bevölkerung in den Kriegsjahren wieder zurück.

Im Allgemeinen wollten indessen die Könige den Isländern wohl. Sie versuchten im 18. Jahrhundert auf

---

\*) Z. B. ein Schiffpfund Fisch, das auf dem Weltmarkt stets 30—40 Rdl. kostete, ward den Isländern 1776 mit 7 Rdl. 16 Skl., 1792 aber mit 24—30 Rdl. bezahlt. (Paykull).

verschiedene Weise dem Lande aufzuhelfen, ihre menschenfreundlichen Bestrebungen scheiterten indessen meist an dem Eigennutz der Kaufleute. Es ist deshalb verkehrt, wenn man in neuester Zeit die Verantwortlichkeit für all' die Island schädigenden Massnahmen nur auf die selbstherrlich regierenden Fürsten werfen will. Dänemark selbst genoss den Profit vom isländischen Handel, geniesst ihn zum grossen Theil noch heute, ihm kamen die aus Island gezogenen Kirchenvermögen, die nach Dänemark gebrachten Gelder und vieles Andere mehr zu Gute, und es ist deshalb nur gerecht und ein Abtrag seiner Schuld, wenn es heutzutage Island einen jährlichen Zuschuss zu dessen Staatskasse verabfolgt.

Unter den von den Königen im vorigen Jahrhundert in's Werk gesetzten Reformen ist, neben der Lockerung der Handelsfessel, die Einsetzung eines Landphysikus (1760) und vierer Districtsärzte die segensreichste gewesen. Eine weitere war die Einsetzung eines Stiftsamtmannes, welcher, während die früheren Befehlshaber meist ausserhalb des Landes lebten, auf Island wohnte, und unter sich zwei Amtmänner hatte (1770). Auch unterstützten die Könige den geistigen Aufschwung Islands und die zu diesem Behufe Ende des Jahrhunderts gestifteten Gesellschaften.

Wie schon gesagt war nach der Reformation dem Allding nach und nach die gesetzgebende Gewalt entzogen worden. Der König liess die von ihm ausgehenden Gebote den Abgesandten des Volkes vorlesen, worauf sie zu gültigen Gesetzen wurden. Die früher solchem Unterfangen der Regierung den hartnäckigsten, zähesten und fast immer siegreichen Widerstand entgegensetzenden Isländer schwiegen nun und duldeten. Im Laufe des 18. Jahrhunderts entfiel ihnen auch der letzte Rest ihrer Selbständigkeit, die richtende Gewalt des Alldinges. Die Rechtsverhältnisse des Landes waren im 17. und im ersten Theil des 18. Jahrhunderts die traurigsten. Gerichtsverhandlungen und Processe standen dreissig und mehr Jahre, ehe sie Abschluss fanden, und schwere Verbrecher blieben inzwischen straflos. Man verachtete mehr und mehr die einheimische Gerichtsbarkeit, umging sie, indem man den König bat Richter in der betreffenden Sache zu setzen, oder an die dänischen Obergerichte appelirte. Um diesem unheilvollen Gang der Rechtsprocesse abzuhelfen, befahl der König im Anfang des 18. Jahrhunderts, dass man nach norwegischen Gesetzen Urtheil sprechen und die alten heimischen an der Hand jener umarbeiten solle. Das Letztere geschah jedoch nicht, und das Erstere verbesserte den Zustand nicht. Das Allding fiel immer tiefer in der Meinung des Volkes, seine Mitglieder wurden beschränkt, und als im Jahre 1798 das Dinghaus an der alten, seit 868 Jahren berittenen Dingstätte den daselbst Versammelten über den Kopf einzustürzen drohte, löste es sich auf. Zwar tagten die Alldingsmänner in den zwei folgenden Jahren in Reykjavík, am 11. Juli 1800 sprach jedoch der König das Todesurtheil der ehrwürdigen Institution und errichtete an Stelle derselben ein Oberlandesgericht mit

Sitz in Reykjavík, welches aus einem höchsten Richter (Justitiarius) und zwei Assessoren besteht.

Reykjavik erhielt im Jahre 1786 Kaufstadtsgerechtsame und erhob sich bald zum Hauptort der Insel. Es hatte bei Beginn des 19. Jahrhunderts ca. 300 Einwohner. Der Bischof zu Skálholt siedelte dahin über, mit ihm die gelehrte Schule (1785). Bischofsitz und Schule in Hólar wurden aufgehoben und das ganze Land der obersten Kirchenbehörde zu Reykjavík untergestellt. Im Jahre 1816 zog auch der Stiftsamtmann in die Hauptstadt und dieselbe blühte nun mit grosser Schnelligkeit empor.

Auch andere Orte der Insel erhielten Ende des 18. Jahrhunderts Kaufstadtsberechtigung, von denen besonders Akureyri und Isafjord seit Aufhebung des Monopols sich regsam aufarbeiteten. Ueberhaupt beginnt seit den geringen und doch so bedeutsamen Zugeständnissen des Jahres 1786 die Zeit, da Island mit einem Theil der früheren Kraft die Lenkung der eigenen Angelegenheiten wieder selbst in die Hand nimmt. Erstaunlich aber ist es, dass das kleine Volk von damals kaum 40000 Menschen hierzu die Kraft und den Muth besass.

In das Jahr 1809 fällt ein Versuch Island von Dänemark loszureissen und zu einem selbständigen Staat zu erheben. Der mit einem englischen Schiff nach Island gekommene Däne Jörgen Jörgensen warf sich daselbst zum Herrn auf, liess den Stiftsamtmann gefangensetzen, beschickte sieben Männer, die dem Land ein Grundgesetz geben sollten, und befestigte Reykjavík. Sein Vornehmen fand jedoch wenig Anklang bei den Isländern und ein im August desselben Jahres nach der Insel kommendes englisches Kriegsschiff machte seinem zweimonatlichen Regiment ein Ende.

Seit dem Kieler Frieden (1814), in welchem Dänemark Norwegen verlor während es Island behielt, war der Handel des Landes wieder auf die speciell dänischen Häfen und fast ausschliesslich auf Kopenhagen beschränkt. Zwar wurde nun auch Ausländern der Handel mit Island gegen Entrichtung einer Abgabe gestattet, diese war aber so hoch, dass Wenige von der Erlaubniss Gebrauch machten. Der Betrag dieser Steuer floss in dänische Kassen.

Im Jahre 1831 wurden die Provinzialstände mit berathender Stimme in Dänemark eingeführt. Man machte hierbei den Versuch Island in Dänemark einzuverleiben, indem es zwei Abgeordnete zum dänischen Ding senden und dieses die isländischen Angelegenheiten, wie etwa die auf Seeland, Falster oder einer andern dänischen Insel behandeln sollte. Damit war den Isländern, die eine andere Sprache, andere Gesetzgebung und in jeder Beziehung von den dänischen verschiedene Verhältnisse haben, wenig gedient. Auf ihr dringendes Ansuchen ward bestimmt, dass ein aus Beamten bestehender Ausschuss isländischer Männer in Reykjavik tagen, dessen Meinungsäusserung den dänischen Ständen zur Begutachtung unterbreitet werden solle (1838). Auch dies war unzulänglich, die Isländer baten um ein eigenes Ding und erhielten dasselbe endlich, mit berathender Stimme, am 8. März 1843 von König Kristian VIII. Es wurde Allding genannt, bestand aus 20 vom Volk und 6 vom König gewählten Männern, hatte seinen Sitz in Reykjavik und tagte zum ersten Mal 1845. Drei Jahre später folgte die Revolution von 1848 und unter Druck der in allen Nationen, auch in Dänemark, hervorbrechenden Freiheitsregungen verkündete der König Friedrich VII. am 4. April 1848, dass er seinem Reiche eine constitutionelle Regierung geben wolle. In dem Patent, welches die Zusammensetzung des Reichstages festsetzte, ward bestimmt, dass Island durch fünf Abgeordnete auf demselben repräsentirt werden solle, also von Neuem der Versuch gemacht es in Dänemark einzuverleiben. Abermals bäumten sich die Isländer dagegen auf und erbaten vom König eine besondere isländische Volksversammlung, welche das in Aussicht genommene Grundgesetz im Hinblick auf die heimischen Verhältnisse berathen solle. Noch in demselben Jahr erhielt Island zur Antwort, dass die Ordnung seiner Angelegenheiten nicht vorgenommen werden würde, ehe nicht eine zu wählende Volksversammlung darüber gehört worden sei, zugleich wurde ein besonderes isländisches Departement, ein grosser Fortschritt in administrativer Hinsicht, eingerichtet. Das Allding des Jahres 1849 bestimmte jetzt nach welchen Regeln die Wahl dieser Versammlung stattzufinden habe, und man hoffte auf Zusammentritt derselben im nächsten Jahre; die Regierung hatte jedoch 1850 die Sache noch nicht gehörig vorbereitet. Es ward dieser Aufschub in gewisser Hinsicht nicht zum Schaden des

Landes. Das Volk erhielt Zeit sich an die Behandlung politischer Fragen zu gewöhnen, seine Stellung innerhalb der Gesammtmonarchie zu untersuchen, sich mit dem Gedanken an Selbständigkeit vertraut zu machen, und der Wunsch, diese Selbständigkeit aufrechtzuerhalten, konnte sich im Herzen der Bauern, vom Reichsten bis herab zum Aermsten, festsetzen. Es machte sich auf der andern Seite jedoch unterdessen in fast ganz Europa eine Reaktion gegen die Freiheitsbestrebungen der Völker geltend, und man war bald in Kopenhagen nicht mehr so geneigt den Wünschen der Isländer nachzugeben. Als nun 1851 die Volksversammlung zusammentrat, als die Regierung Vorschläge einbrachte, welche darauf hinausgingen Island Dänemark unterzuordnen, dessen Angelegenheiten vom dänischen Reichstag verhandeln, dessen indirekte Steuern in die dänische Staatskasse fliessen zu lassen u. dergl. m., da stellten sich die Abgeordneten diesem Anmuthen einmüthig gegenüber und machten einen Gegenvorschlag, welcher unter Anderem einer inländischen Volksvertretung das alleinige Recht der Steuerbewilligung, dem König und der Volksvertretung im Verein die gesetzgebende Gewalt gewährleistet wissen wollte und für Island eine Centralregierung im Lande selbst sowie Erleichterung des Handels verlangte. Der königliche Kommissär aber betrachtete diesen Schritt als „aufrührerisch", und löste die Versammlung auf. Die Isländer, unter Führung des um die neueste Geschichte Islands so verdienten Jón Sigurðsson (1811—1879), protestirten und petitionirten an den König. Es war dies ohne Erfolg.

Im Widerspruch mit den 1848 gegebenen Versprechen ward die Verfassungsangelegenheit bei Seite gelegt und Neuwahl des Alldings nach dem 1843 erlassenen Gesetz angeordnet. Nur zwei der vom isländischen Volke angeregten Fragen nahm die Regierung in der nächsten Zeit wieder auf: die Regelung des isländischen Handels und des finanziellen Verhältnisses Islands zu Dänemark. Am 15. April 1854 wurde durch den dänischen Reichstag, trotz aller Agitationen der Kaufleute, das Monopol, das grösste Unrecht, welches je ein Volk einem andern zugefügt, nach 250 jährigem Bestehen aufgehoben. Islands materielles Wiederaufblühen datirt seit diesem Jahre und wenn das Land dem daselbst Reisenden noch manches unserer Zeit wenig Entsprechendes darzubieten scheint, so soll er überlegen, dass es erst 30 Jahre zur Verfügung gehabt hat um sich aufzuschwingen, und er wird erstaunen über das, was in dieser kurzen Zeit von dem elastischen Völkchen geleistet worden ist. Erst nachdem neue Generationen aufgewachsen sind, nachdem diejenigen, die noch unter dem Drucke der alten Zeit gelebt haben, im Grabe liegen, ist ein Urtheil über die Isländer in Bezug auf ihre Lust und Kraft zum Fortschritt statthaft. Einige Angaben werden übrigens das Aufblühen des Landes seit Erleichterung und Abschaffung des Monopols mehr als alles Andere illustriren: die jährliche Ausführung von Talg und Wolle betrug in den 200 Monopolsjahren durchschnittlich wenig über 100000 Pfund von jeder Waare, im Jahre 1764 von letzterer sogar blos 39000 Pfund. Der Betrag dieser Ausfuhr stieg seit 1786 mit raschen Schritten nicht blos zur doppelten, dreifachen oder vierfachen Höhe, nein, kaum zwei Jahre nach der vollständigen Freigebung des Handels, betrug der Export an Talg ziemlich 1000000 Pfund, und der an Wolle so gar deren 1600000. In demselben Masse wie der Ertrag der Viehzucht ist auch der der Fischerei, der Daunenausfuhr etc. gestiegen. Man pflegt gemeiniglich Island als ein bettelarmes Land anzusehen, von dessen Besitz Dänemark nicht nur keinen Nutzen hätte, sondern das noch jedes Jahr eines Zuschusses aus der dänischen Staatskasse bedürfe. Dies ist nicht allein nicht der Fall, sondern im Gegentheil, so lange Islands Rechenschaft für sich geführt wurde, gab es — selbst in der Monopolszeit — jährlich noch einen anschnlichen „directen" Reingewinn an Dänemark ab, und noch 1845 erklärte die Rentekammer nicht sicher zu sein, ob Island von Dänemark wirklich einen Zuschuss erhalte, da viele Einnahmen von der Insel nicht in die isländische Landes- sondern in die Staatskasse flössen und ausserdem der Landeskasse manche Summen entnommen würden, die nicht zu Islands Ausgaben gehörten. Auch wurde noch damals stets der Erlös für verkaufte isländische Krongüter in die dänische Staatskasse gezogen und dadurch das Land immer weiter von Mitteln entblösst. Islands Unterbalance beruht also allein darauf, dass dem Volke in den letzten Jahrhunderten nicht blos der Ertrag seiner Arbeit, der Profit seines Handels, sondern auch ein grosser Theil der dem isländischen Staat als solchen angehörigen Einnahmen, Krongüter und Eigenthümer genommen wurde. Das an und für sich über wenig Hülfsquellen verfügende, durch seine entfernte Lage, seine Natur, sein Klima gleich wenig begünstigte, ausserdem aber durch Jahrhunderte lange Ausbeutung und Beraubung künstlich dem finanziellen Ruin nahe gebrachte Land hat ein Recht zu verlangen, dass ihm Dänemark eine Handreichung leihe bei seinen Versuchen das, was Andere verschuldet, wieder gut zu machen und sich selbst auf die Beine zu helfen. Obgleich mit Hinwegräumung des Monopols, mit Anerkennung einer Schuld Dänemarks gegenüber Island grosse Hindernisse für den Aufschwung des Inselreiches hinweggeräumt waren, so bestand doch noch seine Unfreiheit dem dänischen König und Reichstag gegenüber, so konnte man sich doch nicht über die Höhe der von Dänemark zu zahlenden Summen einigen. Lange Zeit war weder Regierung noch Allding gewillt von dem 1851 eingenommenen Standpunkt abzugehen. Auf eine Verbesserung der Zustände gerichtete Vorschläge von der einen Seite wurden regelmässig von der anderen verworfen oder umgestaltet. Eine Hauptklage der Isländer war, dass Entwürfe für eine isländische Constitution dem dänischen Reichstag vorgelegt wurden, während sie daran festhielten nur mit dem König zu thun zu haben. Dennoch war es der Reichstag, welcher endlich am 2. Januar 1871 die Grundzüge der heute für Island geltenden Verfassung festsetzte. Das Allding desselben Jahres verwarf zwar diesen von der Regierung zum

Gesetz erhobenen Entwurf, welcher unter Anderem bestimmte, dass Island ein untrennbarer Theil der dänischen Monarchie mit eigenen Gerechtsamen sein solle, dass Dänemark für immer jährlich 60000 Kronen (67500 Mark), ferner aber zwanzig Jahre lang eine alljährlich sich vermindernde, von 40000 Kronen bis auf Nichts herabsteigende Summe zahlen solle, womit seine Schuld gegen Island abgemacht sei, dass Island nicht zu des Reiches allgemeinen Ausgaben und Lasten herangezogen werden könne, dass die Kosten für Islands Regierung in Kopenhapen, sowie für die Postverbindung von der Staatskasse zu tragen sei, dass das dänische höchste Gericht auch das oberste Tribunal für Island bleiben, sonst aber die innere Verwaltung und Gesetzgebung inländischen Behörden übergeben werden solle. Es blieb somit wieder beim Alten, und als die Regierung begann Gesetze zu erlassen, ohne das isländische Volk zu befragen, unter denen das wichtigste die im Juni 1872 erfolgte Errichtung des Landeshauptmannsamtes war, ward die Stimmung immer erregter. Man hielt Volksversammlungen, wie die berühmte des Jahres 1873 auf der Thingvallaebene, die Blätter hetzten und man sprach sogar davon Island zu verlassen und nach Amerika auszuwandern. Alle Welt war gespannt auf das Zusammentreten des Alldings im Jahre 1873, da man bei der grossen Erregung des Volkes die weitgehendsten Forderungen und leidenschaftlichsten Aeusserungen zu hören erwartete. Doch es kam anders. Die Isländer waren zu klug, sich von der Hitze zu unvernünftigen Schritten fortreissen zu lassen; unter

Führung des grossen „Vaterlandsfreundes" Jón Sigurðsson bat das Allding den König nur eine freie, möglichst mit den Wünschen des Volkes übereinstimmende Verfassung zu erlassen. Diese Mässigung der Volksvertretung ward von der Regierung anerkannt, und schon am 5. Januar des nächsten Jahres erhielt Island seine endgültige, wesentlich auf den Reichstagsbeschluss basirte, doch durch einige Zugeständnisse erweiterte Constitution. Das Allding, welches alle zwei Jahre zusammentritt, besteht hiernach aus zwei Kammern, die eine mit zwölf Mitgliedern, von denen die Hälfte vom König gewählt wird, die andere aus 24 Abgeordneten. Wenn keine Einigkeit in den Beschlüssen beider Kammern erzielt werden kann, treten beide zu einem Gesammt-Ding zusammen, wobei doch $^2/_3$ der Mitglieder jeder Abtheilung zur Stelle sein muss, so dass die sechs vom König gewählten Mitglieder das Zustandekommen des betreffenden Gesetzes durch Fernbleiben hindern können. Die Alldingsbeschlüsse gehen an den König um von diesem sanktionirt oder verworfen zu werden. Von grossem Einfluss ist hierbei der in Kopenhagen residirende Minister für Island, als nur dem König verantwortliche oberste Behörde in allen isländischen Angelegenheiten. Der höchste Beamte, welcher im Lande selbst seinen Sitz hat, ist der Landeshauptmann, er hat die Aufsicht über alle Beamten des Landes und die ausführende Gewalt in allen inneren Angelegenheiten. Er ist nicht dem Allding, sondern dem Minister verantwortlich.

Obgleich die Isländer mit vielen Punkten dieser Verfassung, besonders mit dem Nichtverantwortlichsein des Ministers nicht einverstanden sind, ist das Land doch seit Erlass dieser Constitution zur Ruhe gekommen, hat wesentliche Vorbedingungen für eine gedeihliche Entwicklung erhalten, und arbeitet, wenn auch still, unbemerkt und ohne Parteiwesen doch energisch am weiteren Ausbau seiner politischen und rechtlichen Verfassung, welch letztere sehr im Argen liegt. Im Jahre 1847 hatte Island in Reykjavik eine eigene theologische Fakultät erhalten, das „Priesterseminar", wodurch einem dringenden Bedürfniss des Landes abgeholfen wurde. Ebenso nothwendig erwies sich indesssen bald eine medicinische Fakultät, und auch diese wurde errichtet 1875. Vergebens aber hat das Allding, in Anbetracht der weiten und theuren Reise nach Kopenhagen, der von der dänischen so grundverschiedenen isländischen juristischen Gesetzgebung und der Verdanisirung der in Kopenhagen studirenden Isländer wiederholt auch um eine juristische, ja im letzten Jahr um eine „Landesschule", eine Art Universität, an welcher neben den schon bestehenden Fakultäten auch isländisches Recht und Philosophie gelehrt werden solle, gebeten. Die Regierung fürchtet vielleicht durch Gewährung dieses Wunsches eine weitere Lostrennung Islands von Dänemark.

Für die gewichtige Arbeit des isländischen Volkes auf dem Wege des Fortschrittes zeugt u. A. das Gesetz vom 12. Mai 1882, welches Wittwen oder anderen unverheiratheten Weibern über 25 Jahren und in selbständiger Stellung, das kommunale und kirchliche Wahlrecht ertheilt. Welches Aufsehen würde ein solches Gesetz, mit welchem Island auf dem Wege der Reformen uns vorausgeeilt ist, in einem der grösseren Staaten Europas hervorgerufen haben! Ein wichtiger Grundsatz ward auch in dem Gesetz vom 12. Januar 1884 ausgesprochen: „Ein Jeder Grundbesitzer ist verpflichtet, sofern er sein Grundeigenthum nicht selbst benutzt, dasselbe einem Andern zur Benutzung zu verpachten."

Im Uebrigen war auch das 19. Jahrhundert nicht ohne Nothjahre für Island. Im Jahre 1856 ward mit fremden Schafen eine Schafseuche in das Land eingeführt, welche im Laufe der nächsten 20 Jahre dem Wohlstand desselben einen höchst ernsthaften Stoss zufügte. Noch heute hat sich der Viehbestand nicht wieder zu der früheren Höhe erhoben. Furchtbare Vulkanausbrüche und Misswachs haben das Land im Laufe des Jahrhunderts oft heimgesucht, im Jahre 1882, da den ganzen Sommer hindurch das Eis die Nordküste der Insel belagerte und allen Graswuchs hemmte, stand abermals eine Hungersnoth in Aussicht. Wenn auch mancher Bauer damals seine ganze Habe, das Land im folgenden Sommer durch Auswanderung mehrere Tausend seiner Bewohner verlor, so ist doch die schwere Zeit vorübergegangen, ohne dass der Hungerstod ein Opfer forderte — wie ganz anders war dies vor 100 Jahren!

Im Jahre 1869 wurde die Prügelstrafe, die wie nichts Anderes das Selbstgefühl des Volkes brechen musste, aufgehoben und andere Arten der Strafe an ihre Stelle gesetzt.

1874 waren 1000 Jahre verflossen, seit der erste Ansiedler, Ingólfr, sich auf Island niedergelassen hatte. Dies Jahr war den Isländern ein heiliges, in den Kirchen wurde am 2. August des Jahres Dankgottesdienst gehalten, das Volk in allen Landschaften versammelte sich zu frohen Festen. Die Hauptfeier geschah auf der Þingvallahaide vom 5. bis 7. August, da, wo das Allding getagt, wo sich die glänzendsten Ereignisse in Islands Geschichte abgespielt hatten. Dorthin kam das Volk aus allen Landestheilen, dorthin kamen Abgesandte aller Nationen, dorthin kam König Christian IX. selbst, der erste Monarch, der Island besuchte, und brachte dem Volk als Angebinde das Verfassungsgesetz. Es war ein schönes und erhebendes Fest, was da gehalten wurde, ein bedeutsames Fest, denn der König wusste die Herzen der Nation zu gewinnen: in den Leberufen, welche die alte Allmannagjá in ihren Grundvesten erbeben machte, zeigte sich, dass nur die Macht der Umstände die Isländer in die Opposition gegen ihren König gerückt hatte, ward eine neue Zeit eingeläutet, die Zeit eines gedeihlichen Zusammenwirkens von König und Volk.

## Anhang.

Als Anhang gebe ich einen zusammenhängenden Ueberblick über die administrative Eintheilung des Landes. Dasselbe ist getheilt in 171 hrepp oder Gemeinden, deren je ein hreppstjóri (Gemeindevorsteher) und der Gemeinderath vorgesetzt ist. Mehrere Gemeinden bilden zusammen eine Syssel oder einen Bezirk, dem der Sysselmann, einem städtischen Bürgermeister in Deutschland entsprechend, vorsteht. Die Gemeindevorsteher sowie der aus den Bauern gewählte Sysselrath unterstützen ihn in seinen Amtsverrichtungen. Der Sysselmann muss Jura studirt haben, er ist Richter in den geringeren Rechtsstreitigkeiten. Es giebt 18 Syssel und drei Städte, wo der Bürgermeister (bæjarfógeti) das Amt eines Sysselmannes versieht. Eine Anzahl Syssel machen ein Amt aus, deren es vier giebt. Ihnen steht je ein Amtmann vor, dem der Amtsrath zur Seite tritt. Zur Zeit hat Island nur zwei Amtmänner, welche je zwei Aemter verwalten. Sie haben ihren Sitz in Reykjavík und Akureyri. In Reykjavík giebt es ausserdem zwei Polizeidiener, welche die Polizeibehörde bilden. Der höchste Finanzbeamte ist der in der Hauptstadt residirende Landvogt. Das Oberlandesgericht befindet sich ebenfalls in Reykjavík, es besteht aus einem Oberrichter oder Justitiarius mit zwei Assessoren. Die oberste Instanz in Rechtsstreitigkeiten ist das höchste Gericht in Kopenhagen. Eine juristische Schule, wo isländisches Recht vorgetragen wird, giebt es vor der Hand noch nicht, und sind den Isländern alle hierauf bezüglichen Gesuche abgeschlagen worden. Die Juristen Islands müssen in Kopenhagen studiren, wo sie übrigens durch Stipendien etc. reichliche pecuniäre Unterstützung finden. Im Jahre 1884 studirten ca. 30 Isländer in Kopenhagen, doch nicht allein Jura.

In ärztlicher Hinsicht ist das Land in 20 Bezirke getheilt, denen je ein Districtsarzt vorsteht. Oberaufsicht über dieselben führt der Landphysikus in Reykjavík. In letzterer Stadt ist die Aerzteschule, in welcher der Physikus als Direktor mit zwei Lehrern den Unterricht leitet. Die Studienzeit erstreckt sich auf vier Jahre, doch muss der Candidat wenigstens einen Winter an der Universität in Kopenhagen arbeiten. Im Herbst 1884 studirten 9 junge Männer in Reykjavík Medicin. Krankenhäuser giebt es nur zwei, in Reykjavík und in Akureyri.

Die Isländer sind fast ohne Ausnahme Lutheraner, doch hat die katholische Mission Kapelle und Wohngebäude in Reykjavík. Seit 1874 besteht Glaubensfreiheit. Das Land hat 141 Pfarrstellen und 20 Probsteien an 299 Kirchen. Mehrere Pfarreien sind je einem Probst untergeordnet. Pfarrämter, welche mehr als 1400 Kronen Ertrag geben, werden von Kopenhagen aus verliehen. Zur Besorgung von kirchlichen Angelegenheiten treten in den Kirchspielen und Probsteibezirken Ausschüsse zusammen. In Reykjavík besteht die Priesterschule, an welcher stets 10—20 junge Theologen studiren; 1884 waren es deren 13. Ihr steht ein Lektor vor, der mit zwei Lehrern den Unterricht ertheilt. Studienzeit ist drei Jahre. An der Priesterschule wird Philosophie gelesen, welches Fach auch die medicinischen Studenten zu hören verpflichtet sind. Der oberste geistliche Beamte ist der Bischof zu Reykjavík. Er hat mit den Amtmännern auch die Aufsicht über die Schulen. Volksschulen giebt es in Island nur einige wenige. Dagegen sind die Geistlichen beauftragt dafür zu sorgen, dass jedes Kind schreiben, rechnen und lesen lerne. Das isländische Volk ist eins der unterrichtetsten der Welt, es giebt wohl kaum einen einzigen Isländer, der nicht lesen könnte. Mädchenschulen sind nur drei auf Island. Eine Realschule mit einem Direktor und zwei Lehrern ist in Möðruvellir, in der Nähe von Akureyri, eine andere in Garðar bei Hafnarfjord. Man denkt daran letzere nach Reykjavik zu verlegen, wo auch das Gymnasium ist. Diesem steht als Rektor der berühmte Gelehrte Jón Þorkelsson vor, ihm untergeordnet ist ein Oberlehrer und fünf fest angestellte sowie mehrere Stunden-Lehrer, welche sich fast alle durch hervorragende literarische Thätigkeit ausgezeichnet haben. Die Schülerzahl war 1884: 114.

Der Postverkehr im Lande, der durch reitende Boten besorgt wird, ist der zerstreuten Bebauung und schlechten Wege halber mühselig, langsam und selten. Der Postmeister in Reykjavik ist der oberste Postbeamte.

Die Oberaufsicht über alle weltlichen und geistlichen Beamten des Landes führt der in der Hauptstadt residirende Landeshauptmann; er ist nur dem Minister für Island

---

Anm.: Während England, Frankreich, die Vereinigten Staaten, die Skandinavischen Reiche je einen Consul auf Island besitzen, ist das deutsche Reich daselbst unvertreten. Dieser Mangel macht sich zuweilen recht fühlbar, wie z. B. bei dem Schiffbruch eines deutschen, mit Waaren dorthin gesandten Fahrzeuges im Jahre 1883. Es wäre zu wünschen, dass demselben abgeholfen würde.

untergeordnet, einem Dänen, der in Kopenhagen residirt und meist das Land, dessen Geschicke er lenken soll, wenig kennt, so dass die dem isländischen Departement in Kopenhagen angehörigen Isländer einen überwiegenden Einfluss auf seine Massnahmen erlangen. Dieser Minister ist Island gegenüber gänzlich unverantwortlich. —

## 3. Sprache und Literatur.

Die isländische Sprache gehört zum grossen germanischen Sprachstamm. Die ältesten schriftlichen Denkmäler desselben, die Bibelübersetzung des Gothen Ulfilas und einige nordgermanische Runeninschriften aus dem 3. und 4. Jahrhundert n. Chr., zeigen, dass die Germanen damals noch ein Volk mit einer Sprache waren. Dennoch lassen sie schon Dialektunterschiede erkennen. Dies ist nicht zu verwundern, denn die gothische Bibel ward an der Grenze Griechenlands geschrieben, die genannten Runeninschriften stammen aus dem Norden Europas. Zu der räumlichen Trennung der auf weitläufige Gebiete vertheilten germanischen Stämme kam bald auch eine Theilung durch Religion und Cultur. In einer Zeit, da Deutsche und Angel-Sachsen die christliche Religion, die lateinische Cultur angenommen hatten, hielten die Skandinaven noch fest am alten Götterglauben, an germanischer Sitte. Auf sich selbst angewiesen, bildeten sie die ihnen innewohnende individuelle Besonderheit einseitig aus. Schon im 7. Jahrhundert ist die Trennung durchgeführt, erscheinen die Skandinaven als ein nach Sprache und Cultur für sich stehendes Volk. Doch auch sie bewohnen ein räumlich weit ausgedehntes Land; sie schlossen sich in verschiedene Staatswesen zusammen; die an der Südgrenze wohnenden Dänen unterwarfen sich der christlichen Religion, als in Schweden, Norwegen und Island die Odinverehrung noch in Blüthe stand. So machten sich auch hier Unterschiede geltend, die Geschicke, Sprachen und Volksarten der Dänen und Schweden trennten sich unter einander, und von denen der Norweger und Isländer. Die ersteren Völker bildeten vom 15. Jahrhundert ab, hauptsächlich durch die grössere oder geringere Durchführung der schon früher begonnenen Abbleichung der Flexionselemente, durch Verluste an alten und Aufnahme von neuen fremden Worten, die heutzutage nach ihnen benannten Sprachen. Norwegen ward schon im 14. Jahrhundert mit Dänemark vereint, so dass das Altnordische sich daselbst in verschiedene Volksmundarten auflöste, während dänisch das Mittheilungsmittel der Gebildeten wurde. Island aber hält noch heute, mit geringfügigen Aenderungen, fest an jener alterthümlichen, Flexion- und Wortreichen nordgermanischen Sprache, wie sie sich in Skandinavien eigenthümlich ausgebildet und abgerundet hatte und einst den Nordbewohnern gemeinsam gewesen war. Der Grund hierfür liegt theils in der Abgelegenheit der Insel, welche äussere Einflüsse fern hält, theils und hauptsächlich darin, dass nur die Isländer in jener Sprache eine nennenswerthe Literatur geschaffen haben.

## I. Alte Zeit (900—1400).

Die ältesten „geschriebenen" Erzeugnisse der isländischen Literatur gehören den ersten Jahrzehnten des 12. Jahrhunderts an. Dieselben waren wahrscheinlich mit Runen geschrieben, da dem lateinischen Alphabete, mit dem man seit Einführung des Christenthums bekannt geworden, eine Anzahl der für die Wiedergabe isländischer Laute nothwendigen Zeichen fehlte. Als jedoch Mitte des Jahrhunderts ein hervorragender Grammatiker dasselbe durch einsichtsvolle Veränderung und Vermehrung der Landessprache angepasst hatte, gab man allmählich die alterthümliche, steife und wenig handgerechte Schrift auf, und nun war es, als ob ein Damm hinweggeräumt wäre, der einem aufgestauten Elemente den Weg versperrte. Die Menge der in den folgenden 200 Jahren erscheinenden Literaturproducte ist ganz erstaunlich. Wir können uns hier nur mit Betrachtung der Allerwesentlichsten beschäftigen.

Das urplötzlich so kräftige Hervorquellen einer isländischen Literatur hatte seinen Grund darin, dass das Material für dieselbe schon vorhanden war, dass im Gedächtniss des Volkes, von Geschlecht zu Geschlecht fortgeerbt, ein Schatz an ungeschriebenen Dichtungen in Poesie und Prosa wohnte, welcher nur der Hebung harrte. Diese Literatur beginnt mit der Besiedlung Islands im 9. Jahrhundert, denn viele der Colonisten waren Skálden (Dichter). Zugleich aber waren sie fast alle namhafte

Helden, ja Fürsten, und aus ihren Thaten und Dichtungen, aus den Gründen, welche sie zur Aufgabe des alten Vaterlandes gebracht hatten, formten sich schon damals Erzählungen und Liederkränze. Doch auch unter den Söhnen und Nachfolgern jener Männer erstanden Dichter von hervorragender Begabung, Helden, die thatenlustig auszogen in fremde Lande, den ganzen Norden mit ihrem Ruhme füllten und selbst auf Island sich jeder Beschränkung ihres Eigenwillens durch Missbrauch des Gesetzes oder vermittelst ihres starken Armes widersetzten. Auch sie lieferten Stoff zu von Mund zu Mund gehenden fortlebenden Erzählungen. Vom Ausland brachten sie, sowie die von Island ausfahrenden und dasselbe besuchenden Kaufleute, Nachrichten mit, welche man mit grosser Begierde hörte und verbreitete; besonders liebte man norwegische Begebenheiten zu hören — man hatte des alten Vaterlandes nicht vergessen, ja rechnete sich gewissermassen zu demselben — und diese gruppirten sich naturgemäss um die Personen der Könige, welche die Geschicke des Landes leiteten. So entstand auf der weitab liegenden Insel, unter den Abkömmlingen grosser Geschlechter, bei denen die Thaten der Väter, der eigene Ruhm gewissermassen als Adelsbrief galt, an den der Erholung und Unterhaltung gewidmeten langen Winterabenden, bei Zusammenkünften und Volksfesten die Saga, welche theils Einzelgeschehnisse, theils einzelner Männer Leben erzählt, theils zusammengefügt wurde zur Familien- und Geschlechtssaga; so entstand die Königssaga, welche das Material lieferte zu den classischen Geschichtswerken der Historiker des 12. und 13. Jahrhunderts. Neben dieser zu immer gewaltigerem Umfang anwachsenden, durch einzelne geschickte Sagamänner, die einen Beruf aus dem Vortrag, ja später aus der Erdichtung solcher Sögur (Plural von Saga) machten, zu immer grösserer äusserer und innerer Vollendung und Abrundung durchdringenden erzählenden Literatur, neben den gut im Gedächtniss bewahrten, oft recitirten Dichtungen der in den Sögur gefeierten Skalden und Helden, lebten auf den Lippen des kleinen, so poetisch veranlagten Volkes auch die von den Vätern überkommenen Götter- und Heldenlieder fort, bis tief hinein in die christliche Zeit. Soll man dieselben nicht zur isländischen Literatur rechnen? Jedenfalls gehörten sie ebensowohl den ausgewanderten Nordbewohnern als ihren zurückgebliebenen Brüdern, allein aber von den Ersteren sind sie in der Ursprache aufgezeichnet worden, Isländer allein haben diese Lieder und Sagen, auch als Christen noch, so werth geschätzt, dass sie sie der Vernichtung entrissen und auf unsere Zeit gebracht haben.

Wir sehen auf Island zweierlei Volksdichtung neben einander bestehen, eine ältere poetische, und eine jüngere prosaische. Jene umfasst die uralten Götter- und Helden-Lieder, diese die anonymen Sögur. Ausser ihnen aber gab es Gedichte von dem Namen nach bekannten Männern, sowie historische, grammatische und andere Schriften, die einer Kunstdichtung und wissenschaftlichen Literatur angehören. Es entsteht also für die ältere isländische Schön-Literatur von selbst die Zweitheilung in Volks- und Kunstdichtung. Wir betrachten zuerst die Volksdichtung, zu welcher die besten Sögur freilich nur dem Inhalt nach gerecht werden können, da ihre Vollendung in Form und Darstellung einem, allerdings unbekannten Sagamann oder dem uns ebensowenig genannten letzten Niederschreiber zu verdanken ist. Von diesen Sögur, als Volksdichtung, trennen wir aber solche, deren letzte Redacteure dem Werke ihren Geist derartig mitgetheilt haben, dass ihr Name mit dem Werke selbst erhalten blieb; in denen sich neben der Kunst der Darstellung die wissenschaftliche Forschung geltend gemacht hat; bei denen der Stoff durch eine kritisch reinigende, umbildende, chronologisch ordnende, ihn leitenden Ideen unterstellende Verfasserarbeit wesentlich verändert wurde; deren Hauptpersonen nicht blos mit individueller Begabung und Kraft ausgerüstete Männer waren, sondern Repräsentanten allgemeiner historischer Ideen, widerstreitender politischer Richtungen.

Volksdichtung. Die Isländer waren Heiden bis zum Anfang des 11. Jahrhunderts. Ihre Religionsverfassung, Staatseinrichtungen u. s. w. waren die Erzeugnisse einer heidnisch-germanischen Cultur. Die schönste und reinste Blüthe dieser Cultur war die Volksdichtung, welche die Auswanderer mit nach Island genommen und welche sie dort entwickelt hatten. Zu ihr gehören die Lieder, welche später in dem „Edda" (Grossmutter) genannten Buch gesammelt und niedergelegt wurden.

Diese „Edda", zum Unterschied einer ebenso genannten prosaischen Schrift „poetische Edda" getauft, wird dem berühmten isländischen Gelehrten Sæmundr dem Weisen zugeschrieben. Derselbe lebte von 1056—1133 und war Pfarrer in Oddi, einem Ort im Süden Islands. Neuere Gelehrte behaupten jedoch die Eddasammlung sei in späterer Zeit zu Stande gebracht. Der Inhalt derselben zerfällt in zwei Theile: 1. Mythische und ethische Lieder; 2. Heroische Dichtungen.

Die poetische Darstellung ist bei allen Völkern älter als die prosaische. Die Religions- und Sittenlehre, des Gedankens Eroberungen, geschichtliche Erinnerungen, ja selbst die Gesetzgebung wurde in poetischer Form bewahrt. Die Poesie ward dadurch ein Bildungsmittel für alle, und noch heute vermag der gemeine Isländer seine Gedanken hin und wieder in gebundner Form auszudrücken. Dieselbe war in alter Zeit eine äusserst einfache, aber günstig für gedrängte und kernige Widergabe des Gedankens und Richtung der Phantasie auf immer neue Bilder. Der Vers wurde hervorgebracht durch eine geregelte Folge von Hebungen und Senkungen und den Reim. Die Hebung fiel meist mit der Betonung zusammen. Der Reim war Alliteration, d. h. die Anfangsbuchstaben zweier oder dreier Worte innerhalb zweier kurzer oder einer langen Verslinie mussten, wenn sie Consonanten waren, die gleichen, wenn sie Vokale, überhaupt ein Vokal sein. Verschiedene Versmaasse wurden hervorgebracht durch Veränderung der Anzahl der Verslinien und der betonten Silben in denselben. Nach diesen einfachen Regeln sind die Eddalieder gebaut und enthalten dabei einen poetischen Schwung, eine Tiefe der Gedanken, Frische der Gefühle, Reichthum und Pracht der Phantasie, Kraft des Ausdrucks, welche sie neben das Beste stellen, was die Weltliteratur hervorgebracht hat.

Unter den Götterliedern ist zuvörderst zu nennen die „Weissagung der Sibylle" (Völuspá). Eine Prophetin verkündet in dunkeln Worten die Geheimnisse der Schöpfung und des Lebens, den Untergang des Himmels und der Erde und die Erneuerung der Welt. Die Religion und Weltanschauung der Alten ist hier in ein poetisches Ganze zusammengefasst und in höchst eindringlicher Weise vorgetragen. Welche Literatur hat ein solches weltumfassendes Epos aufzuweisen! Welch' Drama, welche imposante, erschütternde Handlung, welch' packende Sprache! Ein ethischer Ernst in der Lebensauffassung, eine Ueberlegenheit über den Stoff spricht sich hier aus, dass wir bewundernd und stolz zurückschauen dürfen auf die „barbarische" Cultur der alten Germanen, welche solche Blüthen zeitigen konnte.

Auch die andern Eddalieder sind jedes in seiner Art eine Perle. Z. B. die „Ballade von Wegtam" (Vegtamskviða). Von seines Sohnes Baldr bösen Träumen beunruhigt reitet Óðinn in die Unterwelt, erweckt eine todte Seherin und forscht nach Baldr's Geschick, indem er sich den Namen Vegtamr beilegt. Die erweckte Tode fragt, indem sie sich aus dem Grabe aufrichtet:

> Wer ist der Mann,
> der unbekannte,
> der mir vermehrt hat
> mühvollen Gang?
> Ich ruhte beschneit,
> vom Regen genetzt,
> und Thaubetropft:
> todt war ich lange —

Und weissagt dann Baldr's Tod. — Schön ist auch das derbhumoristische Gedicht: die „Heimholung des Hammers" (Hamarsheimt), welches voll Laune erzählt wie Þórr sich in Weiberkleidern zum Riesen Þrymr begiebt, um demselben den ihm gestohlenen Hammer wieder abzulocken, oder die „Ballade vom Riesen Hymer" (Hýmiskviða), von dem es heisst:

> Er ging zum Saal,
> Die Gletscher dröhnten;
> Dem Kommenden war
> Der Kinnwald gefroren.

Ferner „Skirner's Fahrt" (För Skírnis), „Wafthrudners Lied" (Vafþrúðnismál) u. v. A. Unter den Lehrdichtungen ist das „Lied des Hohen" (Hávamál) besonders hervorzuheben, das in kurzen Gedankensprüchen eine Menge Weisheitslehren und Lebenserfahrungen mittheilt. Z. B.:

> Der Unkluge, der zu
> Andern kommt,
> Halte stets sich still:
> Niemand merkt, dass
> Nichts er weiss,
> wenn er zu schwatzen sich scheut.
> Der wenig weiss,
> weiss es freilich
> nicht, dass er schnickt und schnackt.

Die in der Edda erhaltenen Heldenlieder behandeln zum grössten Theil den uns aus der Nibelungensage bekannten Stoff. Sigfrid, Brunhild, Kriemhild (hier Guðrún genannt) sind die Hauptpersonen derselben, ihre Schicksale werden in urkräftiger, poesiereicher, von christlicher Cultur noch nicht beeinflusster Weise besungen. Zu diesen Liedern kommen aber solche, welche von Sigfrid's Vorfahren, den Völsungen, zu denen er ja auch gehört, erzählen. Hier sind besonders die Helge-Balladen schön, zuweilen von einer in der Eddapoesie sonst seltenen Gefühlsweichheit, wie z. B. der Abschied des sterbenden Helden von seiner Geliebten:

> Swava, leb wohl!
> Wehr' dem Schmerz!
> Kein Wiederseh'n
> wird uns auf Erden.
> Aus tiefen Wunden
> entweicht mein Leben,
> Der Stahl kam dem Herz
> des Helden zu nah!
> Swava, ich bitte dich,
> — Braut, weine nicht —
> Lausche willig
> den Worten des Sterbenden, u. s. w.

Meist sind sie aber, wie fast alle diese Heldenlieder, von einer fast überwältigenden Grossartigkeit und Kraft. Z. B. der Anfang des ersten Helge-Liedes:

> In alten Zeiten,
> — Adler schrieen,
> von den Himmeln fielen
> heilige Wasser —

da hatte Helge,
den hoch gesinnten,
Borghild geboren
in Bralund.
Nacht war's im Schloss,
Nornen kamen,
die dem Edlen
das Alter bestimmten, etc.

Ferner kommen zu diesen Liedern andere, welche von Guðrún's und ihrer Söhne späteren Schicksalen handeln und den Völsungen-Sagenkreis in Verbindung setzen mit im Alterthum vielleicht gleich herrlichen und ausgebildeten, jetzt aber verlorenen, oder nur noch in Trümmern vorhandenen Liederkränzen.

Von solchen ausserhalb der Edda auf Island bewahrten heroischen Dichtungen der ältesten Zeit ist als Beispiel zu nennen die „Ballade von der Hervör" (Hervararkviða), ein gewaltig ergreifendes Gedicht, von echt eddischer Poesie. Hervör beschwört ihren Vater aus dem Grab, ohne sich durch Nacht und Graus und die aus dem Hügel schlagenden Flammen schrecken zu lassen, um von ihm sein Schwert Tyrfingr zu fordern. Nicht weniger interessant ist das Gedicht „die Räthselweisheit des Königs Heidrek" (Getspeki Heiðreks Konungs). Den alten Nordbewohnern war nicht nur das Schwert eine Waffe, sondern auch Geist und Zunge. „Sie waren Meister in schlagfertiger Rede und schneidiger Zwiesprach" (Poestion). In vorliegendem Gedicht ist eine Sammlung der Räthsel gegeben, mit welchen sie sich vergnügten. Sie verrathen, neben viel Witz und Scharfsinn, eine feine

Beobachtung der Aeusserungen und Stimmungen im Naturleben. Herrlich ist auch das berühmte „Lied des Bjarke" (Bjarkamál), von dem uns leider nur Trümmer erhalten sind. Herder hat einen Theil davon folgendermaassen übersetzt:

Tag bricht an, . . . . . . . . . .
Es kräht der Hahn            Zu Weingelage,
Und schwingt's Gefieder.     Zu Weibsgekose
Auf! Ihr Brüder!             Weck' ich Euch nicht:
Es ist Zeit zur Schlacht,    Zu harter Schlacht!
Erwacht! Erwacht!            Erwacht, Erwacht! u. s. w.

Wir gehen nun über zur Besprechung der Volksdichtung in Prosa, der Saga. Die Form der Eddalieder, wie wir sie kennen gelernt haben, wurde im Anfang der historischen Zeit weiter ausgebildet, künstlicher gemacht. Während früher das Volk dichtete, erstanden jetzt einzelne Männer, welche die Dichtkunst zu ihrem Berufe machten, die poetische Form als ihr Handwerkszeug pflegten und handhabten und sie dadurch dem Volk entzogen. Dies bildete sich eine neue Gewandung für seine epischen Dichtungen, die prosaische Erzählung. Ebenso reich wie an alten Volksliedern, deren Menge man sich als ganz erstaunlich vorstellen muss, waren die Isländer an Sögur. Von dem halben Tausend der uns Erhaltenen können wir hier nur ganz wenige erwähnen.

Die Saga unterscheidet sich von der Sage durch ihre Form, die im Laufe der Jahrhunderte sich fest und unveränderlich ausbildete. Ferner dadurch, dass sie geglaubt sein will. Die Sage hat einen mährchenhaften, die Saga einen historischen Beigeschmack. Die Saga verlangt genaues, und an bestimmten Abschnitten der Erzählung eintretendes Eingehen auf die genealogischen Verhältnisse und Eigenschaften der vorzuführenden Personen; gewissenhaftes Anführen der Gewährsmänner, oder von Versen und Gedichten, welche die Wahrheit des Erzählten bezeugen; völliges Zurücktreten des Erzählenden, seiner Meinungen, Ansichten — also reine Objectivität; einen einfachen, periodenfreien Stil; nirgends ausmalend verweilende, lebhaft vorwärts eilende, dialogisirende Darstellung.

Der Inhalt der Saga führt uns, wie Cooper's Indianer-Romane, hinaus über die tägliche Prosa und gewohnte friedliche Umgebung. Sie schildert eine Zeit, eine Gesellschaft, in der Niemand, selbst bei der friedlichsten Handlung des Tages, die Waffe aus der Hand legen durfte, da Keiner, der sein Haus verliess, wusste, ob er dahin zurückkehren werde, da die Blutrache eine geheiligte Pflicht war, da das Nichtkennen oder falsche Anwenden der Gesetze Jeden um Haus, Hof und Hals bringen konnte. Aber eine solche Kampffertigkeit, ein solches stete „dem Tod in's Auge Sehen" verbannt das Kleinliche, weckt alle Manneskraft, alle Eigenschaften des Geistes und der Seele, mögen sie gut oder bös sein, und lässt sie erwachsen zu einer Höhe und Grösse, bei deren Betrachtung unser Maassstab von Menschenwerth viel zu kurz erscheint. Was sollen wir sagen von Männern, die das widerhakige Eisen aus dem Herzen reissen und den

Tod verlachen, weil er glaubte sie zwingen zu können? Die sich nicht Gottes oder des Schicksals Willen geduldig unterwerfen, sondern ihnen geharnischt entgegentreten, weil sie fühlen, ihr Geist sei ein Theil des grossen weltbeherrschenden Geistes? Was die Menschennatur zu leisten vermag an unglaublicher Gewandtheit und Stärke, an Unverzagtheit und trotzigem Selbstwerthgefühl, wozu sie fähig ist an Edelsinn, Aufopferungsfreudigkeit, Charaktergrösse, Innigkeit und Schönheit der Gefühle, das lehrt uns die Saga. Und welche Fülle und Frische des Lebens, sowohl im staatlichen, als auch im Gesellschafts- und Familienleben, sprudelt uns in derselben entgegen, und erquickt uns, wie wenn man aus dumpfer Siechstuben-Atmosphäre hinaustritt in die salzgeschwängerte Meeresluft. Aber auch als Kunstwerke betrachtet, gewährt die Saga einen wahren Genuss: Welch' vollendete Charakterzeichnung, die sich vor unsern Augen entwickelt, welch' tiefer Blick in die Werkstätte des Menschenherzens, welch' psychologische Wahrheit, welch' moralische Gerechtigkeit, die das Schlechte und Verächtliche entschleiert, das Gute und Grosse empfiehlt!

Die ältesten dieser Sögur, dem Inhalte nach, sind die mythisch-heroischen. Sie sind Auflösungen alter Lieder. So haben wir in der „Versuchung des Gylfi" (Gylfaginning) eine Prosazusammenstellung des Inhalts der alten Götterlieder, in der Völsungasaga eine solche der bei Betrachtung der älteren Edda genannten Heldengesänge. Die Friðþjófssaga ist durch Tegnér's Umdichtung welt-

bekannt, sie ist durch einfach-herzlichen Ton, treffliche
Charakteristik, wirkungsvolle Zusammenstellung, das
Menschenherz ergreifenden Inhalt und ihre schmucken
Verse auch im Original lesenswerth. Die Hálfssaga,
Hervararsaga, Ragnarssaga, Skjöldungasaga und
viele andere gehören hierher und geben interessante
Züge aus dem Leben, den Sitten der alten Nordmänner.
„Das alte Heidenthum ist in ihnen stark ausgeprägt, und
sie sind von einem hochpoetischen Duft erfüllt."
Unter die auf Island entstandenen und isländische
Verhältnisse behandelnden, ungemein zahlreichen Sögur, von
denen wir nur die Bedeutendsten nennen können, gehört
die Njálssaga, eins der vollendetsten, meist classischen
Literaturprodukte aller Völker und aller Zeiten. Es ist
im Grunde gewagt diese Saga der Volksdichtung zuzu-
zählen, denn der Mann, welcher sie zusammenstellte,
muss ein ganz hervorragender Geist gewesen sein. Sie ist
mit einer Kunst eingeleitet, geordnet und durchgeführt,
ihr Inhalt ist so einheitlich um Njál als Mittelpunkt
gruppirt, ihre Charakteristik so vorzüglich, dass sie als
Kunstwerk ersten Ranges erscheint. Doch ist der Sagamann, der sie so wie sie vorliegt erzählte, uns nicht bekannt, wir können sie nicht unter die historischen Werke,
wie wir sie oben charakterisirt, einfügen, ihr Inhalt ist
im Volksmunde entstanden, und so muss sie wohl hier
stehen bleiben. Sehr schön ist auch die kleine Saga von
„Gunnlaug Schlangenzunge", welche fast eine Novelle
in modernem Sinne genannt werden dürfte. Es ist eine

Liebesgeschichte, die auch für unser Fühlen und
Denken ansprechend durchgeführt ist, die Darstellung ist
lebendig und in jeder Hinsicht vortrefflich, der Schluss
wehmüthig schön. In der Grettissaga stehen wir einem
weniger einheitlichen Ganzen gegenüber, als in den beiden
Vorgenannten. Dennoch ist auch sie eins der hervorragendsten Erzeugnisse der isländischen Literatur, und
wenn wir genauer zusehen, finden wir auch in ihr eine
Einheit, um welche sich das Gebäude der Saga fügt. Es
ist dies das unausweichliche Geschick, das den friedlosen
Grettir verfolgt, nicht unverschuldet, sondern von seinem
unbändigen Charakter hervorgerufen, so dass er trotz
seiner sonstigen edlen Eigenschaften zu Grunde gehen
muss. Die Saga erhält hierdurch einen tragischen, unsere
Theilnahme in hohem Grade weckenden Zug. Unter die
grösseren und bedeutenderen Sögur gehört auch die
Egilssaga, welche in etwas renommistischer Weise das
Leben des grossen Dichters Egill Skallagrimsson schildert
und eine plastisch klare und vollendete Darstellung seines
Charakters giebt. Ferner die schlicht, doch nicht ohne
Sentimentalität erzählte Saga von den „Lachsthalbe-
wohnern" (Laxdæla), die durch feine Charakterschil-
derungen ausgezeichnete „Wasserthalsbewohner-Saga"
(Vatnsdæla), die mehr abenteuerliche Saga von den
Eyremännern (Eyrbyggja), von deren Geistererscheinungen
N. M. Petersen sagt: „Soll man Gespenster haben, so
kann man nicht wohl bessere bekommen," und viele
Andere, die nicht wegen ihres geringeren Werthes,

sondern aus Mangel an Raum hier ungenannt bleiben müssen. Ausser diesen speciell isländischen Erzählungen, welche übrigens nicht selten höchst interessante Streiflichter auf die frühere Geschichte der Nachbarstaaten, z. B. Norwegens und der grossbrittannischen Reiche, werfen, verfertigten die Isländer aber auch Sögur von Geschehnissen ausserisländischer Völker und stellten sie zusammen. Die Saga von Erich dem Rothen (Eiriks saga hins rauða) und einige andere behandeln grönländische Geschichten und die Entdeckung Amerikas (Vínland). Die Saga von den Färöerbewohnern (Færeyinga), und die von den Orkneybewohnern (Orkneyinga) erzählen von den auf diesen Inseln bestehenden Reichen, die Saga von der Jómsburg (Jómsvíkinga) berichtet dänische Historie, andere kleinere Erzählungen handeln von Russland und Schweden. Während wir aber über das Leben der genannten Völker nur einzelne Sögur überliefert erhielten, verdanken wir den Isländern in Betreff der norwegischen Geschichte eine fast ununterbrochene Reihe von ausführlichen Erzählungen, welche die Geschicke dieser Nation von Mitte des 9. bis Ende des 13. Jahrhunderts begleiten. Dieselben sind jedoch in höherem Maasse von ihren Aufzeichnern umgearbeitet worden, als die bisher erwähnten, sie fallen unter die Rubrik „Geschichtswerke in Sagaform" und ihre Niederschreiber sind meist bekannt, so dass wir sie später zu betrachten haben.

Ein Zeichen des Niederganges der alten Cultur ist

das Auftauchen der Lügensaga, frei erfundener und mit verworrenen mythischen Erinnerungen, einzelnen historischen Zügen und von ausländischen Ritterromanen entlehnten Abenteuern ausgestatteter Erzählungen. Es finden sich unter denselben manche recht gut verfasste und interessante Werke, doch sie waren nicht mehr Hervorbringungen des Volksgeistes, sie wurden immer weniger charakteristisch für denselben, ihre ausländische Abenteuerlichkeit häufte sich und schliesslich gingen sie geradezu über zu einfachen Uebersetzungen fremder Romane mit denen die Saga den Boden des Volkes definitiv verlässt, und, wie einst das Lied, in den Dienst der höheren und höchsten Gesellschaftskreise tritt. Solcher romantischer Sögur und Uebersetzungen giebt es eine ganz unglaubliche Anzahl, sie liegen jedoch meist im Manuskript auf der Bibliothek in Kopenhagen und harren noch der Veröffentlichung. Die romantische Saga scheint schon im 11. Jahrhundert, jener Zeit des Friedens und der Blüthe auf Island, da es keine äusseren Ereignisse zu erzählen gab, in mündlicher Entstehung begonnen zu haben; die Hauptmasse der Uebersetzungsliteratur stammt aus dem 14. Jahrhundert. Zu der romantischen Saga ist auch die Heiligensaga und Legende zu rechnen, von denen ein Theil das Leben und die Wunderthaten nordischer Heiligen erzählt, der grösste Theil aber von andern Heiligen der katholischen Kirche handelt. Ein Literaturhistoriker des vorigen Jahrhunderts rechnete von diesem Literaturzweig allein mehr als 60 Sögur auf.

Kunstdichtung. Gesetze. Wissenschaftliche Schriften. Wir haben erwähnt, dass im 8. und 9. Jahrhundert die einfache Form der Liederdichtung ausgedehnt und erweitert wurde. Schon die Produkte der ältesten genannten Skalden (Dichter), von denen wir bis in das 14. Jahrhundert die Namen von etwa 500 haben, zeigen dieselbe in der späteren künstlichen Weise oder auf einem Uebergang hierzu. Wir können uns nur ganz kurz auf eine Beschreibung dieser neuen Dichtformen einlassen. Die isländische Sprache ist durch Wortreichthum, Klangfülle und Kraft besonders für die Poesie geeignet. Die Dichtung benutzte diese drei Eigenschaften der Sprache als ihre Grundpfeiler. Sie erhöhte die Anzahl der Benennungen einzelner Dinge durch nur in gebundener Rede gebräuchliche Namen, Umschreibungen und bildliche Darstellungen, sie verstand durch jeden dieser neuen Bezeichnungen für dieselbe Sache eine neue Ideenverbindung zu wecken, neue Phantasiebilder hervorzulocken, was ihr ein ungemein reiches Farbenspiel verlieh. Den Wohlklang der Sprache erhöhte sie durch Einführung der Silbenreime, der Endreime und durch Regelung der Hebungen und Senkungen in der Linie. Silbenreim oder Assonanz nennt man das zweimalige Wiederkehren derselben Silbe in derselben Verszeile, ein halber Silbenreim ist es, wenn der Vokal jener Silbe sich bei der Wiederkehr verändert, während die Consonanten dieselben bleiben. Z. B.:

Da deckt in kurzer Frist der Frost
Mit frischem Weiss den Tisch.

Hier sind, ausser der Alliteration, in der ersten Zeile halbe, in der zweiten ganze Silbenreime. Durch die Alliteration aber, die Kürze und Gedrungenheit der Sätze, das unaufhaltsame Fortschreiten von Bild zu Bild erhöhte sie die Kraft der poetischen Sprache. Infolge dieser einseitigen Rücksichtnahme auf das Aeussere der Poesie, auf die Form, die um Reim und Abwechslung hervorzubringen, durch Umschreibung, Verstellung und Verrenkung der Worte noch besonders schwierig gemacht wurde, entstand der Vorwurf, dass sie zu einem leeren Wortgepränge und Lautgeklingel geworden sei. Und doch, hat man den anscheinend inhaltleeren Vers gelesen, so hat man eine solche Menge der verschiedensten Eindrücke erhalten, eine bunte bis in's Unendliche fortwachsende Reihe von Bildern, die den zu behandelnden Gegenstand von den verschiedensten Seiten beleuchten, seine Geschichte geben, sein Wesen charakterisiren, dass in directer Erzählung Seiten, ja Bände erforderlich wären dies herbeizuführen. Freilich wird das Alles nur angedeutet, traumhaft fliegt es vorbei, halb verschleiert durch weite Ferne. Es liegt deshalb etwas Geheimnissvolles, eigenthümlich verzaubertes und verzauberndes in dieser Art der Poesie, welche mächtige Gedanken erweckt, gewaltige Gefühle, überwallende Begeisterung hervorruft und doch kein Gefühl, keine Stimmung andeutet, und in welcher der Inhalt des zergliederten Verses ein Nichts ist.

Aus der Zeit vor der Besiedlung Islands werden uns als Skálden genannt Starkaðr und Bragi der Alte; am Ende des 9. und im 10. Jahrhundert sind die Norweger Djóðólfr von Hvin, Þorbjörn Hornklofi und Eyvindr Finnsson die Wesentlichsten der ausserisländischen Dichter. Bei ihnen zeigt sich die Form der Skáldendichtung schon voll ausgeprägt, so dass die Isländer sie als etwas Fertiges aufnahmen, vielleicht nur den Endreim als Neues hinzufügten. Der erste isländische Dichter von Bedeutung, ja vielleicht der grösste aller isländischen Skálden ist Egill Skallagrimsson (904—990). Wie schon erwähnt besitzen wir seine Biographie in einer Saga. Von seinen Gedichten sind hervorzuheben „die Haupteslösung", (Höfuðslausn) ein Ehrengedicht auf den König Eirikr Blutaxt, mit dem er sein Haupt vom Henkerbeil erlöste; das Lied auf seinen Freund Arinbjörn (Arinbjarnarkviða); vor Allem aber das grossartige, bald wilde, bald schwermüthige Gedicht „des Sohnes Verlust" (Sonatorrek), in welchem er den Tod seines im Meer ertrunkenen Lieblingssohnes beklagt. Als Proben mögen folgende, dem Original möglichst nachgebildete Strophen dienen:

### 1) aus: „Haupteslösung".

4. Schwertgesang
An Schildrand klang!
Wo ernst man rang
War Erich's Gang:
Dort, hört man gut,
dröhnt giere Wuth,
tönt Erzes-Gluth,
tost ein Strom von Blut.
5. Die Fahnen flirrten
des Völkerhirten,
Pfeile schwirrten,
im Pfad nicht irrten;

Das Schiff im Blute  
schwimmt, das gute,  
Der Robben Hallen¹)  
von Rufen schallen.

(Refrain:) 6. Des Fürsten Speer  
fällt das Heer:  
Erich, als Lohn,  
trug Ehre davon.

### 2) aus: dem „Lied von Arinbjörn".

5. Nicht war Mondschein,  
mild zu schauen,  
noch geheuer  
Erichs Braue:  
Schlangenschiller,  
Schreckensblitze  
strahlte des Starken  
Stirnenmond.²)

6. Dennoch hab' ich  
„Haupteslösung"  
Vor den König  
kühn getragen:  
Brausend eilte  
Odin's Becher³)  
an des Edlen  
Ohrenmund.

### 3) aus: „des Sohnes Verlust".

5. Doch ich muss  
der Mutter Tod,  
des Vaters Fall  
zuvor beklagen;  
aus der Worte  
Tempel⁴) wächst  
ein Liederbaum,  
belaubt mit Ruhm!

6. Grimme Wunde  
Woge riss  
in meines Vaters  
Vetternkreis.  
Ungefüllt und  
offen steht  
des seegeraubten  
Sohnes Platz.

8. Könnt' ich den Schmerz  
mit Schwerthieben rächen,  
wär' es zum Unheil  
dem Wellengotte!  
Wenn das Meer ich  
morden könnt' —  
es wäre aus mit  
Ögirs Maid!⁵)

---

¹) Die Hallen der Robben = das Meer.  
²) Stirnenmond = Auge.  
³) Die Poesie wird sehr hübsch das Getränk des höchsten Gottes genannt, also: Odin's Becher, oder Odin's Meth = Poesie, Lied.  
⁴) Der Worte Tempel = der Mund.  
⁵) Ögir's Maid = die Welle. Ögir ist der Gott des Meeres, die Welle seine Tochter.

Einer der hervorragendsten Dichter von Liebesliedern war Kormákr, dessen Blüthe ebenfalls in die 2. Hälfte des 10. Jahrhunderts fällt, und über den wir eine schöne Saga haben. Es zeigt sich bei ihm selbst durch die spröde Gewandung des Dróttkvætt, der gebräuchlichsten Form der Skáldendichtung, die Wärme, ja Leidenschaft seiner Liebe, und doppelt innig erscheint uns das Gefühl, wo es in Gegensatz tritt zur steifen Gewandung. Wir geben einen Vers von ihm in Prosa aufgelöst, da die „Dróttkvætt" genannte Versart im Deutschen nicht wohl wiedergegeben werden kann: „Da geschah mir's vor Kurzem, dass das Mägdlein heftige Liebe in meiner Brust entzündete — ich bin verliebt! — sie, des Mädchens Füsse (ich wüsste nicht, wie es anders kommen könnte), werden mir noch öfters gefährlich sein." (Möbius.)

Einarr Helgason, aus dem Ende des 10. Jahrhunderts, ist bekannt durch sein Gedicht „Goldmangel" (Vellekla), das er zu Ehren Hákon's, des Herrschers von Norwegen verfertigte. Er erhielt von diesem eine Wagschale zum Geschenk, nach welcher er „Schalenklang" (skálaglamm) genannt wird.

Derselben Zeit gehört auch der Dichter Eilífr Guðrúnarson an, den wir hier nur nennen, weil in seinem Loblied auf Þórr (Þórsdrápa) die Verschränktheit und Dunkelheit des Dróttkvætt ihre grösste Höhe erreicht.

Hallfreðr der Störrige (Vandræðaskáld) dichtete auf der Scheide des 10. und 11. Jahrhunderts. Er ist bedeutender als Einarr. In seinen Gedichten tritt tiefes

Gefühl neben trotzigem Sinn zu Tage. Er wurde Christ. Sein Loblied auf König Ólafr (Ólafsdrápa) ist eine der schönsten Dichtungen der alten Zeit.

Wir begegnen von nun an nur noch christlichen Skálden, ohne dass die neue Religion jedoch Einfluss gehabt hätte auf die Dichtform, man bewegte sich nach wie vor in Bildern aus der heidnischen Mythologie, man hatte nach wie vor seine Freude am blutigen Männerkampf. Ja das 11. Jahrhundert ist die rechte Blüthenzeit des Lobliedes auf Fürsten oder hervorragende Männer (Drápa) in der schwierigen Form des Dróttkvætt.

Ein ganzes Heer von Skálden erstand. Die besten derselben sind Sighvatr Þórðarson, Þormóðr Bersason, Arnórr Þórðarson, Þjóðólfr Arnórsson. Ersterer war Hofdichter der norwegischen Könige Ólafr des Heiligen und Magnús des Guten. Unter seinen vielen Gedichten ist eins der berühmtesten das „freimüthige Lied" (Bersöglisvisur), in welchem er des Magnús' Strenge gegen die Bauern tadelt. Er ist ein Meister der poetischen Form wie selten Einer, doch oft ohne Schwung. Þormóðr, nach seinen Liebesliedern auf ein wegen ihrer schwarzen Augenbrauen Kolbrún heissendes Mädchen „Kolbrúnarskáld" genannt, hat viel von der Kraft eines Egill. Arnórr und besonders Þjóðólfr übertreffen jedoch an poetischem Schwung und Farbenreichthum beide Vorgenannten. Von Arnórr, mit dem Beinamen „Fürstenskáld" (Jarlaskáld), haben wir zwei vorzügliche Drápen auf König Magnús, von Þjóðólf's Gedichten ist wohl das „Sexstefja" genannte Loblied auf König Haraldr das bekannteste.

Mit dem Ende des 11. Jahrhunderts geht auch die Blüthe der aus heidnischer Cultur entsprungenen Dichtart zu Grunde. Das Christenthum drang allmählich durch bis in die Herzen, die Aeusserungen des Staatsleben erhielten einen moderneren, europäischen Anstrich, die Könige der Nachbarreiche wurden aus Kriegern zu Diplomaten und gaben weniger Gelegenheit zu von Kampfgetös erfüllten Lobgesängen. Der freien Form der Eddalieder, welche man hin und wieder aufnahm, fehlte dem Geschlechte die Kraft einen entsprechenden Inhalt zu geben, das Dróttkvætt war verknöchert und soweit Gewohnheitssache geworden, dass man es selbst zu christlich-religiösen Dichtungen anwandte. Die erste dieser Art, die uns erhalten, ist die Ólafsdrápa des Einarr Skúlason aus der Mitte des 12. Jahrhunderts. Sie wird auch „der Strahl" (Geisli) genannt, besingt Leben und Wunderthaten des heiligen Ólafr, und versucht an Stelle heidnisch-mythologischer Bilder und Umschreibungen, christliche zu setzen. Sie eröffnet für uns die Reihe der religiösen Drápen, welche nun in grosser Menge hervorströmen, und, wie die romantischen Sögur, den Untergang der rein germanischen Cultur anzeigen.

Diese war indessen kräftig genug vorerst noch eine neue Blüthe zu entfalten: die Geschichtsschreibung. Im Laufe des 11. Jahrhunderts hatte das im Jahre 1000 christlich gewordene Islan dzwei Bischofssitze und mehrere gelehrte Schulen erhalten. Viele Isländer besuchten ausser den heimischen die Wissenschaftssitze Deutschlands und Frankreichs. So lernte man die lateinische Cultur und

Literatur kennen, ohne dass dieselbe doch vorerst einen andern als einen weckenden Einfluss gewann. Man las die classischen Schriftsteller und wurde bewusst in mündlicher Fassung an Volksliedern, Skáldendichtungen, Gesetzen, Sögur etwas ihnen ebenbürtiges zu besitzen. Die nationale Literatur und Geschichte wurden Lehrgegenstand an den Schulen, es wurde begonnen einzelnes Wichtiges derselben zusammenzufassen, zu ordnen und aufzuzeichnen. Nicht benutzte man hierzu, wie es meist im übrigen Europa geschah, die lateinische, sondern die Muttersprache; wahrscheinlich auch nicht die lateinische Schrift, sondern Runen. Das erste, was man niederschrieb, waren Gesetze.

Die Gesetzgebung Islands war ohne jeglichen fremden Einfluss aus der alten Cultur hervorgewachsen, streng gegliedert, allumfassend, mustergiltig. Sie zeugt von der hohen Bildung jenes Völkleins im fernen Eismeer; wir stehen noch heute staunend vor dieser grossartigen Leistung. Trotz ihres Umfanges, ihrer bis in's Kleinste gehenden, erschöpfenden Durchführung auf alle Verhältnisse des staatlichen und bürgerlichen Lebens wurden die isländischen Gesetze aufbewahrt im Gedächtniss rechtskundiger Männer, besonders der für mehrere Jahre gewählten Gesetzsprecher, deren hauptsächlichstes Amt es war sie am Allding vorzutragen. Zu Pergament gebracht wurde ein Theil derselben, nämlich — charakteristischer Weise — der von Mord und Zweikampf handelnde, zum ersten Male im Jahre 1117. Das ursprüngliche Buch ist uns verloren, doch ist sein Inhalt dem erhaltenen Gesetzbuch „die Graugans" (Grágás) eingefügt. Die Graugans hatte Giltigkeit bis zum Untergang des Freistaates; es wurden alsdann auf Befehl der norwegischen Könige neue Gesetzbücher, die sich jedoch auf das ältere stützen, ausgearbeitet. Von diesen war das im Jahre 1280 eingeführte Jónsbók (Johnsbuch, so nach seinem Ueberbringer benannt) für die vier folgenden Jahrhunderte maassgebend, und theilweise noch bis vor einem Jahrzehnt im Gebrauch. Neben den juristischen betrieben die Gelehrten Islands vorzugsweise historische und grammatische Studien. Vor Allem war es die Geschichte des eigenen Landes und des norwegischen Reiches, welche den Forschungseifer erweckte. Der Erste, dem die Ueberlieferung historische Schriften zuschreibt, ist Sæmundr der Weise, den wir schon als vorgeblichen Sammler der älteren Edda kennen gelernt haben. Derselbe hatte in Frankreich und Deutschland studirt, ja in letzterem Lande sich mit Magie befasst, wegen welcher Wissenschaft er noch heute im isländischen Volksaberglauben eine grosse Rolle spielt. Seine geschichtlichen Arbeiten sollen sich auf Norwegen bezogen haben; er wird vorzüglich mit der Sammlung und chronologischen Ordnung der vorhandenen Königssögur beschäftigt gewesen sein. Leider ist uns nichts von ihm in der Originalfassung erhalten.

Von seinem Freund und Zeitgenossen Ari dem Weisen, ca. 1068—1148, besitzen wir dagegen ein allerdings wenig umfangreiches, an innerm Werthe aber unschätzbares Schriftchen über Islands Geschichte bis 1120, das „Isländerbuch". Mit ihm zeigt sich die Geistescultur der Isländer in männlicher und wissenschaftlicher Reife. Es ist ein originales Wissenschaftswerk im modernen Sinne, das einzig dasteht in der europäischen Literatur des frühen Mittelalters. „Eine mit so tiefem Blick und so gesundem politischen Verständniss entworfene, alles Nebensächliche vermeidende und alles durchgreifend Bedeutsame mit sicherer Hand hervorhebende Gesammtgeschichte der inneren Entwicklung des Landes konnte nur von einem Manne ausgehen, der mit den gelehrten Kenntnissen, wie sie damals blos der Geistlichkeit eigen waren, zugleich den feinen Blick des geborenen Aristkoraten und die staatsmännische Einsicht eines regierenden Herrn verband" (Maurer). Und das ist alles was wir von Ari wissen: Er stammte aus edlem Geschlecht, hatte die Priesterweihe empfangen und war Gode (Regent über eine isländische Landschaft). Von seinen übrigen historischen Werken, besonders über Norwegen, ist nichts erhalten. So viel steht indessen fest, dass sein chronologisches System von den meisten späterern Historikern ihren Schriften zu Grunde gelegt wurde, und dass seine Geschlechtsregister der Grundwall sind, auf welchen die demnächst zu erwähnende Saga von des Landes Besiedlung (Landnáma) gebaut wurde.

Um dieselbe Zeit, machte sich der Runenmeister Þóroddr verdient durch grammatische Abhandlungen, von denen zwar nichts erhalten, die aber in den Aufsätzen der jüngeren Edda benutzt worden sind. Dieselben scheinen eine Verbesserung der Runenschrift bezweckt zu haben. Seine grammatikalischen und lateinischen Kenntnisse soll er, der von Beruf eigentlich Baumeister war, dadurch erhalten haben, dass er während der Aufführung einer Kathedrale in Hólar den Unterricht in der dicht dabei belegenen Schule belauschte.

Der Mitte des 12. Jahrhunderts gehört das im „Sagastil" geschriebene Geschichtswerk des Eirikr Oddsson an. Von dem Verfasser wissen wir nichts, auch seine Arbeit, welche Hryggjarstykki (Rückenstück) genannt wurde, ist nur in der Ueberarbeitung eines Andern erhalten. Sie behandelte die norwegische Geschichte von ca. 1130—1160.

Ebenfalls in die Mitte des Jahrhunderts fällt die Abfassung einer grammatischen Arbeit von hoher Bedeutsamkeit. Wir kennen den Verfasser nicht, er muss indessen ein ausserordentlich gebildeter und sprachkundiger Mann gewesen sein. Sie betrifft die Anwendbarkeit des lateinischen Alphabets auf die isländische Sprache und ist ebenfalls in die jüngere Edda aufgenommen worden. Sie scheint einen grossen Einfluss auf die Zeitgenossen gehabt zu haben. Die Runenschrift wurde von nun an verlassen und aufgegeben — ja, eine Zeit lang trat mit den heimathlichen Schriftzeichen auch die Muttersprache in den Hintergrund. Wir haben aus den letzten Jahrzehnten des Jahrhunderts in lateinischer Sprache verfasste Geschichtswerke über norwegische Könige, Biographien von Bischöfen und andere Schriften, welche zeigen, dass in diesem Zeitraum die gelehrte Bildung in Island nicht weniger heimisch war, als in Dänemark, wo damals Saxo durch ein lateinisch geschriebenes Werk über dänische Geschichte seinen Ruhm begründete. Von solchen Arbeiten wollen wir besonders die Biographien des Königs Ólafr, geschrieben von den Mönchen Oddr und Gunnlaugr erwähnen, welche einen legendarischen Anstrich haben. — Um diese Zeit entstanden auch eine Menge originaler geistlicher Schriften und Biographien, (z. B. Hungrvaka, die Hungererweckerin, die das Leben von fünf isländischen Bischöfen erzählt) Homilienbücher u. s. w. oder Uebersetzungen solcher aus fremden Sprachen. Die geistliche und weltliche Dichtung schwieg ebenfalls nicht, es sind uns aus jenen Jahren manche, wenn auch an innerm Werthe nicht bedeutende Gedichte erhalten, sowie man damals auch eine Menge der auf dem Munde des Volkes lebenden, zuvor besprochenen Sögur aufzeichnete.

Ein hervorragendes Geschichtswerk in isländischer Sprache gehört der Scheide des 12. und 13. Jahrhunderts an, nämlich die Sverrissaga, welche der Abt Karl Jónsson († ca. 1212) begann, der Priester Styrmir der Weise († 1245) vollendet haben soll. Sie behandelt die Geschichte des Königs Sverrir in ausführlicher Weise und ist leicht und fliessend im Sagastil geschrieben. Styrmir soll ausserdem eine Saga des Heiligen Ólafr verfasst haben. Da wir zwei Sögur über diesen König besitzen, ohne ihre Verfasser zu kennen, ist es nicht unwahrscheinlich, dass eine derselben ihm angehört.

Zwei Verarbeitungen der norwegischen Königssögur

zu Gesammtgeschichten liegen uns aus den ersten Jahrzehnten des 13. Jahrhunderts vor. Es sind dies die Morkinskinna (mit morschem Pergament) und die Fagrskinna (mit schönem Pergament). Erstere ist ca. 1220 verfasst und erzählt die norwegische Geschichte von ca. 1030—1160. Sie giebt lebendige und charakteristische Schilderungen der Personen, besonders der Könige und ihrer Thaten, wobei sie jedoch viel nicht dazu Gehöriges einflicht, führt fleissig Gewährstellen an und ist wirkungsvoll zusammengesetzt. Fagrskinna scheint im folgenden Jahrzehnt geschrieben. Sie umfasst die norwegische Geschichte von der Mitte des 9. Jahrhunderts bis 1177 und legt es darauf an eine Einheit herzustellen, das Wesentliche in der Geschichte der einzelnen Könige mit besonderem Hinblick auf ihre Herrschereigenschaften hervorzuheben, ohne sich auf eine Beleuchtung ihrer Charaktere als Menschen einzulassen. Besonders scheidet sie die Legenden und Wunder-Erzählungen aus, die sich an einzelne Könige geknüpft hatten, sie will nur das der Nachwelt bewahrt wissen, „wofür man gute Gewähr hat".

Wir kommen nun zu Snorri Sturluson, dem berühmtesten unter allen Verfassern Islands. Derselbe wurde geboren im Jahre 1178. Er stammte aus einem der vornehmsten und ältesten adlichen Geschlechter der Insel. Unter seine Vorfahren rechnete er Egill Skallagrimsson, dem als Dichter nachzueifern sein Bestreben war. Erzogen wurde er in der Schule zu Oddi, wo einst Sæmundr lebte und wirkte. Ihm suchte er es als Historiker gleichzuthun. Vom Anfang des 13. Jahrhundert bis zu seiner Ermordung (12. Sept. 1241) wohnte er meist auf seinem Gute Reykjaholt, wo er sich mit grosser Pracht einrichtete. Er machte von dort aus Reisen nach Norwegen, Schweden u. s. w. und nahm hervorragenden Antheil an dem öffentlichen Leben seiner Heimathinsel, auf das er, mehreremale die oberste Beamtenstelle des Freistaates bekleidend, einen bestimmenden Einfluss ausübte. Auch bei den Herrschern und Grossen Norwegens wusste er sich in hohes Ansehen zu versetzen, welches er durch seine Lobgedichte, in Skáldenart und mit einem Theil der alten Kraft, vermehrte. Er verstand es seine Macht noch durch eheliche Verbindung mit andern grossen Geschlechtern Islands zu vergrössern, überragte bald alle und lebte auf seinem Hofe wie ein Fürst. Zum Allding zog er mit einem Heer von 1000 Mann. Seine Macht weckte jedoch den Neid anderer isländischer Edlen, der Uebermuth seines Sohnes liess die Feindschaft derselben hell auflodern. Mit dem norwegischen König hatte er es verdorben, indem er dem Gebote desselben, die Isländer zu bewegen sich ihm, dem König, zu unterwerfen nicht Folge leistete. Diesen vereinten mächtigen Feinden unterlag er endlich. Er wurde bei einem Ueberfall auf seinem Gute ermordet. Snorri war Dichter, Kritiker, Aesthetiker, Historiker. — Seine „Poetik", sowie das berühmte „Háttatal" (Aufzählung von Versmaassen), das einzige vollständig erhaltene Gedicht von ihm, finden wir in „der jüngeren Edda". In dieser sehen wir zunächst die schon erwähnte Saga von der

„Versuchung des Königs Gylfi" (Gylfaginning) aufgenommen, um jungen Dichtern einen Ueberblick über die alte Götterlehre, aus welcher die meisten Umschreibungen entlehnt wurden, zu geben. Es folgt hierauf als zweiter Theil die Dichtlehre (skáldskaparmál), welche mit den von Snorri kurz und bündig erzählten „Reden des Bragi" (Bragaræður) beginnt. Sie sind gewissermaassen eine Fortsetzung und Ergänzung der Gylfaginning. Der Haupttheil der Dichtlehre giebt zuerst eine Aufzählung von poetischen Umschreibungen und „unbekannten" Benennungen und eine Erklärung derselben durch Erzählungen und alte Dichtwerke. Er enthält ferner eine Lehre der gebräuchlichen Versarten, sowie, als Beispiel für angehende Skálden, das Gedicht háttatal. Dieses ward von Snorri ca. 1222 verfertigt und enthält Lobgesänge auf seine Gönner in Norwegen: König Hákon und Herzog Skúli. Es zeigt 100 verschiedene Versarten, indem jede Strophe in anderer Weise gedichtet wurde. An Glanz und Kunst giebt es den poetischen Erzeugnissen früherer Jahrhunderte nichts nach; an Kraft und Geist kann es Egill und Andere nicht erreichen. Die „jüngere Edda" enthält noch einige Vorreden und Einschiebsel, auch fügte man ihr noch vier Abhandlungen grammatikalischen und rhetorischen Inhalts hinzu, die theils vor, theils nach Snorri's Werk verfasst wurden. Dasselbe ist einzigstehend in der Literatur des damaligen Mittelalters und ohne fremde Vorbilder.

Ein grösseres Denkmal noch hat sich Snorri durch die Königssögur (Heimskringla = Weltkreis, nach den Anfangsworten benannt) gesetzt. Er führt in denselben die nordische Saga- und Geschichtsschreibung zu ihrer höchsten Vollendung. Er stellt hier nicht nur die Sögur der einzelnen Könige, von den ältesten Zeiten bis 1177, mit Rücksicht auf ihre Männer- und Herrschertüchtigkeit zusammen, sondern entwickelt vor unsern Augen die Geschichte des norwegischen Volkes, verkörpert in seinen Königen. Er forscht mit scharfsinniger, echt wissenschaftlicher Kritik nach der Wahrheit, nach den Triebfedern, dem innern und äussern Zusammenhang des Geschehenen. Er hat selbst die geschichtlichen Stätten der Vorzeit besucht, um grössere Wahrheit der Schilderung zu erzielen. Alle Vorzüge und Eigenheiten der Saga sind bei ihm zur höchsten Vollkommenheit entwickelt, besonders übergeht seine Charakterschilderung alles Dagewesene an Grossartigkeit und Kraft. Das künstlerische Bewusstsein in der Anordnung, das Leben, die Anschaulichkeit der Darstellung sind bewundernswerth. Eine vornehme, leidenschaftlose Ruhe und Klarheit liegt über dem ganzen umfangreichen Werk, so dass man fühlt, ein über dem gewöhnlichen Niveau des Lebens stehender Mann hat dies Buch geschrieben.

Ein anderer berühmter Dichter, Essayist und Historiker des Jahrhunderts war der Neffe des grossen Snorri: Ólafr Þórðarson (ca. 1212—1259), genannt der „weisse Dichter" (Hvítaskáld), zum Unterschied von einem andern Ólafr, welcher den Namen der „schwarze Dichter" erhielt. Wir haben von ihm die Trümmer eines Lobliedes auf Herzog Skúli, eine sprachliche Abhandlung in der jüngeren Edda, und endlich wird ihm die Verfasserschaft der Knytlingasaga (Saga vom Geschlechte des dänischen Königs Knútr) zugeschrieben, welche in bald abgerissener, bald ausführlicher Weise die dänische Geschichte von der Mitte des 10. Jahrhunderts bis ca. 1186 behandelt.

Berühmter, ja fast an seinen Oheim heranreichend, war Ólaf's Bruder, herra Sturla Þórðarson (1214—1284), zu welchem König Magnús, in Verwunderung über sein Talent, äusserte: „Ich meine, Du dichtest besser als der Pabst!" Er war der letzte Dichter von Königsdrápen, von denen wir Trümmer übrig haben. Mit ihm tönt der alte Drápengesang noch einmal voll und kräftig empor, um dann auszuklingen, nachdem er fünf Jahrhunderte durchlebt und von mehr als 400 Dichtern gepflegt worden war. Besonders bemerkenswerth sind seine Loblieder auf König Hákon, welche die Isländer zu ihren besten Dichtwerken rechnen. Als Historiker beschliesst er die Reihe der Königssögur mit der Lebensbeschreibung des ihm gleichzeitigen norwegischen Königs Hákon des Alten in durchaus würdiger Weise. An der Island und seine Geschichte betreffenden umfangreichen Sturlungasaga, oder grossen Isländersaga, ist ihm — wenn man auch für seine Verfasserschaft nicht genügende Beweise hat, doch ein wesentlicher Antheil zuzuschreiben.

Mit Sturla ist die Blüthezeit der isländischen Literatur im Mittelalter als abgeschlossen zu betrachten. Dennoch beschäftigte man sich noch weit hinein in das 14. Jahrhundert mit der Umredigirung, Zusammenstellung und besonders Abschrift überlieferter Literaturdenkmäler. Unter den Männern, welche sich hierbei einen Ruf erwarben, ist Ritter Haukr Erlingsson († 1334) zu nennen. Die Bearbeitung und Vollendung des Landnámabók (Landbesiedlungsbuch), dessen Geschlechtsregister Ari der Weise begonnen hatte, welches von den verschiedensten spätern Schriftstellern, hauptsächlich von Sturla Þórðarson fortgeführt worden war, und an das er die letzte Hand legte, ist sein wesentlichstes Werk, und zeigt ihn als einen kenntnissreichen Historiker.

Die letzten grösseren Sagasammlungen zu einem Ganzen sind die Hrokkinskinna (das verschrumpfte Pergament) und das Flateyjarbók (das Buch von der „Flatey", einer Insel). Letzteres, ca. 1380 entstanden, kann die letzte Frucht der Sagazeit genannt werden. Die geschichtliche Arbeit der folgenden Jahrhunderte beschränkte sich auf dürre Annalen.

Neben der geschilderten poetischen und wissenschaftlichen Wirksamkeit war ungehemmt einhergegangen die Aufzeichnung der Volkssögur, die Uebersetzung ausländischer Romane, die theologische Schriftstellerei und die geistliche Dichtung. Auch in den übrigen Wissenschaftszweigen arbeiteten die Isländer, es sind uns geographische, kalendarisch-computistische, mathematische und andere Abhandlungen erhalten. Das 14. Jahrhundert zeigt besonders einen unermesslichen Strom an religiöser Dichtung. Da ist z. B. das Gedicht Harmsól (Sonne der Sorge) in 65 Versen, Liknarbraut (Weg der Tröstung), Leiðarvisan (Wegweisung) etc., alle in der herkömmlichen Dróttkvætt-

Form. Mehr als 50 solcher Lieder gab es allein zu Ehren der heiligen Jungfrau. Gegen Mitte des Jahrhunderts kam jedoch die Ansicht auf, die alte schwer verständliche, gekünstelte Weise sei der religiösen Dichtung nicht würdig. Dieselbe verlange Einfachheit und Klarheit. Dieser Grundsatz ist durchgeführt in dem Gedicht Lilja, eine Art Messiade des berühmtesten Dichters im 14. Jahrhunderte: Eysteinn Ásgrimsson († 1361). Dasselbe zeigt ihn als einen wahren Dichtergeist, und übertrifft alle erhaltenen Gedichte dieser Art. In ihm hatte die aus einer Vereinigung des volklichen Dichtvermögens mit der neuen christlichen Cultur entsprungene religiöse Dichtung ihren Höhepunkt erreicht. Auch sie sank nun herab zu unbedeutenden Hervorbringungen. Die alte Cultur und Blüthe war dahin, zusammengebrochen, ein ödes Trümmerfeld; Island selbst nur ein Schatten dessen, was es gewesen, seit 1262 ein Vasallenstaat, ausgesaugt von ausländischen Priestern und Beamten, willkürlich regiert von fremden Herrschern, von seiner harten Natur, Ungunst des Klimas, von Krankheiten, Hungersnoth auch materiell an den Rand des Verderbens gebracht, seine Bevölkerung auf ein Drittel des früheren Bestandes reducirt. Dennoch starb die Dichtkunst, die wissenschaftliche Forschung bei diesem zähen, zwischen 30 und 50 Tausend Köpfen zählenden Volke nicht aus. Wir haben auch in der nun folgenden neuen Literaturperiode sowohl eine Volks- als eine Kunst-Dichtung neben einer bedeutsamen wissenschaftlichen Thätigkeit zu betrachten.

## II. Zwischen-Zeit (1400—1816).

Volksdichtung. Das isländische Volk war, ermüdet von seinen Bürgerkriegen, herabgesunken in eine provinzielle Stellung. Energisch aber hielt es fest an den Vorstellungen von dem alten Glanz, der alten Freiheit des Vaterlandes; noch lange wahrte es kräftig seine Selbständigkeit in Bezug auf Gesetzgebung, innere Verwaltung und Gerichtspflege, und als die Rechtsverletzungen, die Unterdrückungen kamen, glaubte es nicht an das, was es fühlen musste und erklärte sie sich als nothwendige Opfer, die es seinem Könige bringen müsse. Trotz des Verfalles der Schulen blieb das Volk ein relativ gebildetes, vorzüglich aufgewecktes. Das Gefühl persönlichen Werthes paarte sich mit dem historischen Bewusstsein, welches durch das Festhalten an den Ueberlieferungen aus der Vorzeit, an den Vorvätern, an der alten Literatur und Dichtweise genährt wurde. Die nationale Besonderheit durchsäuerte unbewusst alles Denken und Thun des einzelnen Isländers, die Liebe zur Heimath war und ist ungemein lebendig in ihm. Eine Folge aber dieser stark ausgeprägten nationalen Eigenthümlichkeit und Lebenskraft war die, der bis zum Tode ungebrochen Glied an Glied fügenden Gedankenkette im Kopf des Menschen vergleichbare, stets fortwirkende und Neues schaffende Volksdichtung, ebenso wie diese ihrerseits wieder kräftig zur Bewahrung der Nationalität und Sprache beitrug.

Die Gestalten der alten Ueberlieferungen trübten sich mit der Zeit, ihre Umrisse verschwammen. Die Götter, Riesen und Elfen wurden unter Einfluss der christlichen Religion zu dämonischen Wesen, welche in und unter der Erde wohnen, dort ein dem Menschen ähnliches Dasein führen und der ewigen Seligkeit verlustig sind. Im bleichen Licht des Mondes auf den öden Hochebenen, im Braussen des Wasserfalls, im einsam ragenden Fels und im Donner der Brandung treiben sie ihr Spiel, hört man ihren Gesang. Die gewaltig ergreifende Einsamkeit des Nordens, die furchtbaren Naturumwälzungen, die dem Volke unverständlichen Naturerscheinungen regen sein Phantasieleben, seine dichterische Schöpferkraft an. Ihm ist die ganze Natur belebt, ringsum wohnen die Unsichtbaren, er glaubt sie zu sehen, er tritt mit ihnen in Verkehr. Diese Berührung des Menschen mit den wesenlosen Erdgeistern erzählten die mythischen Volkssagen, von denen Island einen grossen Schatz besitzt. Die Götter-Mythen sind zu Natur-Mythen geworden.

Ein mythischer Schleier liegt auch über den aus der historischen Saga hervorgegangenen Sagen. Die Hauptepochen in der Geschichte des Landes, einzelne hervorragende Männer, wie z. B. Sæmundr der Weise, leben noch dunkel in der Volkserinnerung; an die Orte, wo Merkwürdiges geschehen ist, knüpft sich eine Sage, welche mit abbleichenden Farben, wie einen Elfentanz im Mondschein, alte liebe Gestalten und Ereignisse vor das Auge bringt.

Aus einer Verschmelzung einheimischer Erinnerungen

und ausländischer romantischer Einflüsse ist endlich das Märchen entstanden. Seltsam ist hierbei die Verwandtschaft rein nordischer Märchen mit denen anderer Völker, selbst da, wo man eine Einfuhr derselben von aussen durchaus abweisen möchte.

Zu einer näheren Betrachtung dieser umfangreichen prosaischen Volksdichtung ist hier nicht der Platz. Nach ihrem inneren Wesen sind dieselben eine Fortbildung der Sagadarstellung, nachdem die Form derselben durchbrochen war. Wir finden denselben objectiven, naiven, geradezu bezeichnenden, rein epischen Ton, eine Darstellung, welche Viel in wenig Worten sagt, sich in einfachen Sätzen bewegt, oft dialogisirt, nirgend ausmalend verweilt und rasch vorwärts strebt.

Neben dieser Volksdichtung in Prosa lebte aber auch eine solche in gebundener Rede. Die Volkslieder haben die Isländer gemein mit den andern skandinavischen Nationen, ja die meisten, wenn nicht alle, sind ursprünglich ausserhalb Island entstanden. Dennoch sind dort die fremden Stoffe in eigener Weise umgewandelt und mit Melodieen versehen worden, man hat dazu getanzt, oder sich im Rundgesang vergnügt, kurz sie zu Nationaleigenthum erhoben. Sie bewegen sich meist in einem einfach rythmischen Vortrag, einige mit Refrain, sind erzählend, lassen jedoch auch das lyrische Element zu seinem Rechte kommen. Sie schliessen sich an die eddischen Volkslieder an, von denen sie ausgingen. Unter ihnen sind wahre Perlen von Poesie, die mit einem Verse einen grösseren Eindruck machen, als lange Kunstgedichte, die einem wahren unverfälschten Gefühle Worte geben, dem einfachen, einfältigen Wesen des Volkes entsprechend, in dessen Stimmungsleben sie uns einführen. Die meisten enden traurig — wie ein Seufzer aus dem bedrückten Herzen des einst so stolzen, nun für ein kümmerliches Dasein kämpfenden Volkes. Eine nur Island angehörige Abart der Volkslieder sind die „Rimur" (Reimdichtungen), zu welchen der Skáldengesang im 14. Jahrhundert herabsank. Sie stehen eigentlich auf der Grenze zwischen Volks- und Kunstpoesie, indem ihr verwickelter Versbau, ihre Wortverstellungen, Tropen, kurz all die Regeln, in welche sie sich einschnüren, in deren strenger Befolgung sie ihre Genugthuung finden, sie nicht zur Volksdichtung gehörig erscheinen lassen. Auf der andern Seite jedoch war es das Volk, in dessen Schoosse sie entstanden, welches sie mit Liebe umfasste, sie fünf Jahrhunderte hindurch hegte und pflegte. In die „Reimdichtungen" legte es seinen Erinnerungsschatz aus der Blüthezeit des Vaterlands nieder. Die alten Sagastoffe, besonders der letzten Zeiten, ja der Inhalt der in Prosa verwandelten Eddalieder, sie veränderten sich zu langausgesponnenen, meist höchst dürren Erzählungen in künstlich gedrehten und gedrechselten Versen, die Recitativartig vorgetragen wurden. So haben viele dieser Stoffe eine dreifache Wandlung durchgemacht; die Thaten und Geschicke der Völsungen z. B. wurden zuerst in Liedern besungen, dann in einer Saga erzählt, und zuletzt wieder in Reimdichtungen behandelt.

Wie gesagt hatten die Rímur einen erzählenden Inhalt. Demselben geht gemeiniglich als Einleitung ein Liebeslied oder eine Anzahl Strophen voraus, in denen der Dichter die Weiber anruft zu hören, sagt, dass er für sie singe, oder dergl. In dieser einleitenden Dichtung kann sich zu Zeiten ein tieferes Gefühl, eine gehobenere Stimmung aussprechen, meist enthält sie jedoch dieselbe Prosa wie der folgende erzählende Theil. Dieser zerfällt in eine Reihe von Liedern, von denen jedes in einem eigenen Versbau gedichtet ist. Man hat die Anzahl solcher Versarten bis auf 200 gebracht. Sie benutzen alle den End- und Buchstabenreim. Die Strophe hat 2, 3 oder 4 Zeilen.

Man mag die Rímur verschieden beurtheilen; hervorzuheben ist jedoch, dass sie ein nicht weniger originales und charakteristisches Erzeugniss des isländischen Geistes sind, als die Sögur, und dass sie von grossem Einfluss gewesen sind. Zu einer Zeit, da die Sögur vergessen waren, haben sie den Isländern die Lust und Liebe an den alten Stoffen, ja sie haben denselben ihre Sprache, das Verständniss der alten poetischen Worte und das Talent für die Behandlung der poetischen Form erhalten. Wie gross das Gefallen des kleinen Volkes an den Reimdichtungen gewesen sein muss, ersieht man daraus, dass ein Liebhaber mit einer Sammlung derselben zwölf enggeschriebene, dicke Quartbände hat füllen können.

Die älteste uns bewahrte Reimdichtung stammt aus der zweiten Hälfte des 14. Jahrhunderts; es ist die Olafsrima des Einarr Gilsson, und handelt vom heiligen Ólafr. Jünger, und an innerem Werthe ungleich höher stehend, ist die Skiðaríma. Sie erzählt den Traum eines Mannes mit Namen Skiði, der sich nach Walhalla versetzt wähnt, dort sich mit einer Göttin verheirathen will, aber, da er dabei das Zeichen des Kreuzes macht, von Sigfrid dem Drachentödter zur Thür hinausgeworfen wird. Sie ist offenbar ein Spottgedicht, eine Art Don Quixotiade, und enthält Stellen voll urwüchsigen Humors, und prächtige Schilderungen. —

Wir wenden uns nun wieder der chronologischen Aufzählung der einzelnen Dichter und Gelehrten Islands zu, wobei auch noch verschiedene Reimdichter genannt werden müssen. Aus der Zeit bis zur Reformation ist wenig zu berichten. Mit der Durchführung der neuen Cultur war die geistige Kraft des Volkes gelähmt und äusserte sich fast nur in der mit ihren Wurzeln in die alte Zeit hinabreichenden Volksdichtung. Das neue Fremde musste erst verarbeitet und zu Eigenem gemacht werden. Von den Dichtern des 15. Jahrhunderts ist der Erwähnenswertheste: Loptr Guttormsson († 1436), von dem wir ein erotisches Gedicht: Háttalykill (Versartschlüssel) besitzen, das dem Háttatal des Snorri nachgedichtet ist. Von prosaischen Schriften sind in dieser Zeit nur einige dürre Annalen zu nennen und die leider verloren gegangene Reisebeschreibung eines weitbefahrenen, vornehmen Isländers, des Björn Einarsson, welcher „Jerusalemsfahrer" genannt wurde.

Das geistige Neuerwachen Islands datirt vom 16. Jahrhundert, wenn auch die Reformation in Hinsicht auf Freiheit und Wohlstand des Landes zunächst ein Unglück für dasselbe genannt werden muss. Denn mit ihr verschwand das einzige Gegengewicht gegen die Königsmacht, die katholische Priesterschaft, und die Reichthümer der Kirchen und Klöster wurden zerstreut und aus dem Lande gezogen. Noch in der katholischen Zeit wurde um 1530 vom Bischof Jón Arason († 1550) die Buchdruckerkunst nach Island verpflanzt. Jón Arason selbst war ein Dichter, der an Kraft die der vorhergehenden 200 Jahre weit überragt. Es sind meist religiöse, doch keineswegs „erzkatholische" Gedichte, die wir von dem seltenen Mann besitzen. Im Jahre 1540 wurde das neue Testament in isländischer Sprache gedruckt, und 1584 kam die erste isländische Bibel in der Uebersetzung des Bischofs Guðbrandr Þorláksson heraus. Religiöse Lieder entstanden zu dieser Zeit in nicht geringer Anzahl, doch meist ohne höheren Flug, ja man begann biblische Erzählungen zu „Reimdichtungen" zu verwenden, welch' seltsame Poesien sich das ganze 17. Jahrhundert hindurch einer grossen Beliebtheit erfreuten. Religiöse Schriften wurden in grosser Menge gedruckt, sie dienen jedoch nur dazu uns zu zeigen, in welch' traurigem Verfall damals die alte „Göttersprache" war.

Das 17. Jahrhundert, oder das „gelehrte Zeitalter", wird eingeleitet durch die Wirksamkeit des „Vaters neuisländischer Literatur", des Probstes Arngrímr Jónsson Vídalín († 1648). Die alte geschriebene Literatur war noch im Besitz des Volkes, doch aus dessen Geschmack und

Gedächtniss verdrängt durch die Reimdichtungen. Arngrimr Jónsson war der erste, welcher sie wieder an das Licht zog und sammelte, — allerdings nicht für sein Volk, sondern für die europäische und speciell skandinavische Gelehrtenwelt. Er gab mehrere derselben mit lateinisch geschriebenen Nachrichten über die Vorzeit heraus. Wegen dieser Thätigkeit ward er der „Gelehrte" genannt; sein Ruhm ging über ganz Europa. Wir nennen unter seinen Schriften die „Crymogäa" als eine der vorzüglichsten.

Die Anregung, welche Arngrimr zum Studium der isländischen, für den gesammten Norden bedeutsamen Alterthümer gegeben hatte, trug in Schweden und Dänemark gute Früchte. Eine Menge Gelehrten begannen sich diesem Studium zuzuwenden, und in den Wissenschaftssitzen Skandinaviens herrschte bald eine ameisenhafte Wirksamkeit. Besonders aber waren es Isländer, die Vorzügliches leisteten und das verschollene Alterthum, die classische Periode des Nordens, neu belebten. Island hatte zu jener Zeit das Glück wieder energische, vaterlandsliebende und gelehrte Bischöfe zu besitzen. Ein solcher war u. A. Guðbrandr Þorláksson, besonders aber Brynjúlfr Sveinsson († 1675), welcher seinen Namen durch Sammlung von Manuscripten, besonders aber durch Auffindung der älteren Edda berühmt gemacht hat. Durch Herausgabe alter Literaturwerke für das Volk erwarb sich Þórðr Þorláksson († 1697) Anspruch auf Dankbarkeit. Ihren Gipfelpunkt erhielt die antiquarische Forschung des Jahrhunderts jedoch in dem gelehrten Þormóðr Torfason (Torfäus)

(1636—1719), in Árni Magnússon (1663—1730) und in Páll Jónsson Vídalín (1667—1727). Torfäus, eine Zeit lang königlicher Antiquar in Kopenhagen, übersetzte eine grosse Anzahl Handschriften in die dänische und lateinische Sprache, schrieb in letzterer eine Geschichte Norwegens, wobei er sich auf die alten Sögur stützt, und stellte in Bezug auf Dänemarks Geschichte nach isländischen Quellen neue Ansichten auf. „Seine Schriften zeichnen sich durch grosse Gelehrsamkeit aus, und obwohl sie fühlbaren Mangel an Kritik leiden," — „so übertreffen sie doch nicht blos an Werth Alles, was jene Zeit sonst auf diesem Gebiete hervorbrachte, sondern sind auch noch jetzt von Wichtigkeit für die Geschichtsschreibung." (Winkel-Horn.)

Árni Magnússon's fast zehnjährige aufopfernde und beispiellos beharrliche Arbeit in Aufsuchung alter Manuscripte, in Transportirung derselben nach Kopenhagen, wo sie allein nutzbar gemacht werden konnten, in Abschrift derselben etc. stellt ihn seinem berühmten Landsmann Torfäus zur Seite. Seinem Fleisse ist die Kunde, die wir heutzutage von der Vorzeit besitzen, zumeist zu danken. Leider ging ein bedeutender Theil seiner Sammlung durch den grossen Brand in Kopenhagen 1728 zu Grunde, doch rettete er mit Lebensgefahr den Rest. Man sagt die jetzige Arnamagnäische Bibliothek isländischer Literaturwerke in Kopenhagen sei nur ein Drittel dessen, was sie gewesen. Sie ist indessen die bei Weitem zahlreichste ihrer Art und ihr noch immer erstaunlicher Umfang wirft ein Licht auf den Reichthum an Literaturdenkmälern, den Island besessen haben muss.

Vídalín machte seinen Namen unsterblich durch sein grosses, leider unvollendet gebliebenes archäologisches Werk über das alte Rechtswesen. Auch als Sprachforscher und Dichter hat er Vorzügliches geleistet. Es waren nicht allein antiquarische Studien, welche die Isländer des gelehrten Zeitalters beschäftigten. Die an das Licht gezogenen Werke mussten auch verständlich gemacht, die Sprache, in der sie geschrieben, musste bearbeitet werden. Viele Isländer thaten sich als Philologen hervor. Es entstand eine isländische Sprachlehre, verfasst von Runólfr Jónsson, welche bis 1811 im Gebrauch blieb; es wurden Wörterbücher zusammengestellt, deren im 17. Jahrhundert zwei erschienen.

Hervorragende Geschichtsschreiber hatte die Zeit in Jón Egilsson zu Hrepphólar und in Björn Jónsson zu Skarðsá († 1655). Ersterer schrieb die geistliche, letzterer die weltliche Geschichte Islands in Annalform, von der Zeit an, wo die alten Sögur enden, bis auf seine Tage.

Die religiöse Dichtung hatte ihren grössten Repräsentanten in Hallgrimr Pétrsson (1614—1674). Hallgrimr ist einer der hervorragendsten Erscheinungen der Weltliteratur. Seine Passionspsalmen sind von einer Kraft, einer Innigkeit, einer Ueberzeugungsstärke, dass man sie den besten Literaturerzeugnissen zur Seite stellen kann. Das hat das isländische Volk anerkannt, noch heute sind sie demselben ein Hausschatz und 1881 in der „zweiunddreissigsten" Auflage herausgekommen. Neben diesem Riesen erscheinen andere Psalmen-Dichter jener Tage als Zwerge. An weltlichen Dichtern war Island ebenfalls reich, und besonders muss hervorgehoben werden, dass damals, da wir in Deutschland mit der alten Zeit brachen, unser früheres poetisches Leben gänzlich verleugneten, die Isländer an ihrem ureignen Wesen festhielten und keinen fremden Elementen erlaubten ihnen dies zu rauben. Bei alledem machten sich die durch die Weltliteratur gehenden Strömungen auch hier merkbar. Der Inhalt der Dichtung war meist, wie bei uns, nicht das, was man erfahren und gefühlt, sondern was man gelernt und gelesen hatte, die Hirten-Idylle kam auf, die Poesie trat in den Dienst der Gelehrsamkeit, epigrammatische (Páll Vídalín) und satirische Dichtungen erschienen. Der beste Lyriker des Jahrhunderts war Stefán Ólafsson (1620 — 1688), ein Zeitgenosse Hallgrim's Pétrsson's, an den er jedoch nicht heranreicht. Einzelne seiner Gedichte zeigen, allerdings gehüllt in einen nun altmodischen Schmuck von gekünstelten Umschreibungen, Wahrheit und Tiefe der Empfindung, so dass sie noch heute zum Herzen sprechen. Als Beispiele sind zu nennen: Minning mistrar unnustu; Sárt er meyar að missa. In seinen satirischen Dichtungen zeigt er eine unerschöpfliche Laune und treffenden Witz. Er erhielt den Beinamen des isländischen Horaz.

Guðmundr Bergþórsson, Þorlákr Guðbrandsson u. A. zeichneten sich als Reimdichter aus, wie denn überhaupt diese Dichtart im 17. und 18. Jahrhundert ungemein üppig blühte.

Uebersetzungen aus dem Deutschen, Lateinischen, Dänischen strömten in dieser Periode in grosser Zahl hervor, doch trugen dieselben leider durch Einführung von Fremdwörtern und Entstellung der Wortendungen in hohem Maasse zur Verschlechterung der Sprache bei. Die Gelehrten bedienten sich meist der lateinischen Rede, die auch auf den Schulen das Mittheilungsmittel wurde.

Im 18. Jahrhundert, zu welchem wir nun gelangt sind, wurde die Wirksamkeit der Isländer auf den Gebieten der Alterthumskunde, Philologie und Historie in rühmlicher Weise fortgesetzt. Viele der obengenannten Gelehrten waren noch thätig. Wir können, wie bisher, auch von den vielen Männern, die sich in diesem Jahrhundert hervorgethan haben, nur einige wenige anführen. Alle Verfasser des Jahrhunderts, sowohl als Gelehrter wie als Dichter, überragt Eggert Ólafsson (1726—1768). Dieser seltene Mann war von einer so warmen Liebe für sein Vaterland beherrscht, dass sie sein ganzes Sein erfüllte. Seine poetischen sowie wissenschaftlichen Werke dienen derselben.

Eggert Ólafsson muss der Vorbote des eigenthümlich isländischen Geistesleben in der Neuzeit genannt werden, indem er sich der Natur zuwendet und in seinen Dichtungen der isländischen Poesie neue Bahnen bricht. Er zeigt sich beeinflusst von den Naturalisten und Gottschedianern. Sein Hauptwerk ist das naturbeschreibende Lehrgedicht Búnaðarbálkur, dessen Naturschilderungen die ersten in isländischer Sprache und zum Theil von grosser Anmuth sind. Dennoch ist seine Dichtung nicht leicht fliessend, sondern zusammengearbeitet, man erkennt in ihr eher den Gelehrten als den Poeten. Er will belehren, wo er dichtet, die Poesie ist ihm etwas Nebensächliches, er steht noch nicht auf der Höhe der modernen Dichtung. Als Wissenschaftsmann und Mensch strebte Eggert Ólafsson denselben Zielen zu, wie als Skáld, nämlich sein Volk aus den Fesseln zu befreien, die es darniederdrückten und am Aufschwung hemmten. Seine Alterthums- und Sprach-Forschung dient nicht mehr blos der Gelehrtenwelt. Besonders lag ihm das Darniederliegen der Muttersprache schwer auf dem Herzen und er arbeitete nach Kräften an ihrer Reinigung und Wiederherstellung. Trotzdem, dass sein früher Tod dieser Wirksamkeit ein jähes Ende bereitete, ist doch auf ihn die Blüthe der isländischen Sprache und Literatur in der Neuzeit zurückzuführen.

Mit Erfolg ward Eggert bei seinen wissenschaftlichen Arbeiten von seinem Bruder Jón Ólafsson († 1811) unterstützt. Dieser wandte u. A. seine Aufmerkamkeit der isländischen Poetik zu und war bestrebt durch Bearbeitung der alten Dichtung nach ihren formellen Verhältnissen das Verständniss derselben zu fördern; sein Buch über „des Nordens alte Dichtkunst" ist noch heute grundlegend. Ihm und Bjarni Pálsson verdanken wir die Beschreibung einer Reise durch Island mit einer mustergiltigen Schilderung des Landes.

Hervorragende Sprach- und Alterthumskundige des Jahrhunderts sind ausser den Brüdern Ólafsson: Jón Eiriksson († 1787), Gunnar Pálsson († 1791), Björn Halldórsson († 1798), von dem wir noch heute ein brauchbares Wörterbuch der isländischen Sprache besitzen, Skúli Þórðarson Thorlacius († 1815), Hannes Finnsson († 1796), u. A. Auch die Geschichtsforschung schwieg nicht. Ausser Annalen, welche Islands Geschichte bis auf die Neuzeit fortführen, erschien gegen Ende des Jahrhunderts ein bedeutsames Werk in lateinischer Sprache: Die „Kirchengeschichte Islands" vom Bischof Finnr Jónsson († 1789). Es ist dies eine höchst ausführliche Schrift und umfasst eigentlich die ganze geistliche und weltliche Geschichte der Insel. Eine andere nennenswerthe Arbeit ist die ebenfalls lateinisch geschriebene Geschichte der isländischen Literatur von Hálfdán Einarsson († 1785), die einzige bis heute. In allen Wissenschaftszweigen erschienen mehr oder weniger bedeutende isländische Schriften. Als juristische Verfasser zeichneten sich u. A. aus: Jón Árnason († 1773) und Sveinn Sölfason († 1782).

Auch die geistliche Dichtung und Erbauungsliteratur zeitigte schöne Blüthen. Von allen sich hier hervorthuenden Männern nennen wir nur die Psalmendichter Þorvaldr Böðvarsson († 1836) und Kristján Jóhannsson († 1806), vor Allem aber den grössten Redner des Jahrhunderts: Bischof Jón Vídalín († 1720), dessen Postillen und Andachtsbücher noch heute ein Hausschatz des Isländers sind. Sie sind hervorragend durch ihren vorurtheilsfreien Geist, mit dem der Verfasser, um zu überzeugen, sich nicht allein auf das salbungsvolle Citiren von Bibelstellen beschränkt, sondern hineingreift in das Leben, ja sich nicht scheut, heidnische Philosophen und Dichter anzuführen. Altisländische

Kraft, freuriger Glaubenseifer, dichterischer Schwung und — relativ — gewählte Sprache sind ihnen vorzugsweise eigen. Jedes Jahrhundert seit der Reformation kann in Island eine neue Bibelübersetzung aufweisen. Das 17. Jahrhundert brachte eine solche vom Bischof Þorlákr Skúlason, die des 18. — keineswegs besser — ist vom Bischof Steinn Jónsson. Die Reimdichtung florirte noch immer, und zwar künstlicher als je. Einer der besten Dichter hierin war Árni Böðvarsson, welcher sich sogar im alten Dróttkvætt versuchte. Von anderen Poeten ist, ausser Eggert Ólafsson, wenig zu berichten, vielleicht mit Ausnahme des Þorlákr Þórarinsson († 1773). Sie sind alle unbedeutend, ihre Sprache und Kunst erhebt sich nicht über das Mittelmässige und sie liegen in den Banden des Zeitgeschmacks. Dass Eggert Ólafsson nicht mehr Einfluss auf seine Zeitgenossen gewann, erscheint wunderbar, ist aber leicht verständlich wenn man bedenkt, dass seine Gedichte erst 1832 zum ersten Male gedruckt, und bis dahin nur in Handschriften verbreitet waren.

Ende des 18. Jahrhunderts erwachte überall in Europa ein neues geistiges Leben. Dies Neue schlug seine Kreiswellen bis hinauf nach Island, dessen Bevölkerung im Jahre 1786 nur 38000 Köpfe zählte. Hauptsächlich waren es die Dänemark bewegenden Strömungen, welche dort Eingang fanden. Die dänische Literatur suchte, nachdem sie die bis dahin geltenden französischen Muster verworfen hatte, einen neuen Stützpunkt theils in Deutschland, theils in England. Die „Klopstockianer" mit „Ewald" an der Spitze kämpften daselbst gegen die „Norweger", welche englischen Vorbildern folgten. Neben der hoch-pathetischen Odendichtung war das naturbeschreibende Lehrgedicht, das leichtflatternde Gesellschafts- und Trinklied, das Spottgedicht und die gereimte Erzählung im Schwang. Alle diese Dichtweisen fanden Eingang in Island. Hervorragend ist hierbei die Wirksamkeit Jón Þorlákssons (1744—1819), welcher Klopstock's „Messias", Milton's „Verlorenes Paradies", Pope's „Essay on man", einzelne Gedichte von Gellert, Tullin und Anderen seinen Landsleuten in musterhaften Uebersetzungen gab. Seine originalen Dichtungen zeigen Einflüsse der verschiedensten Richtungen.

Einen andern Standpunkt nahm Sigurður Pjetursson ein (1759—1827). Er hatte in seinen Produkten die dänischen Dichter Wessel und Baggesen zu Vorbildern und pflegte das Spott- und Trinklied, die gereimte Erzählung und poetische Epistel. Höher als in diesen Gedichten steht er in seinen nach Holberg's Beispiel gearbeiteten dramatischen Werken. Island gehen alle Vorbedingungen für eine dramatische Dichtung ab, dennoch haben zu verschiedenen Zeiten in diesem Jahrhundert einzelne Dichter Anläufe zu einer solchen genommen. Von diesen Versuchen stehen noch immer Sigurður Pjetursson's am Höchsten. Sein „Hrólfur", vor Allem aber „Narfi", Lustspiele in je drei Acten, sind charkteristische, lebhafte, witzige und wirkungsvolle Bilder aus dem isländischen Volksleben, sowie denn überhaupt die junge isländische Dramatik dadurch, dass sie ihre Stoffe nicht nach aussen sucht, sondern dem eigenen

Volksleben entnimmt, trotz aller Unvollkommenheit doch Interesse erweckt und einen gewissen Werth besitzt. „Narfi" würde eine Uebersetzung vertragen und in weiteren Kreisen Theilnahme erwecken können.

Benidikt Gröndal der Aeltere (1761—1825) hat seine Geschmacksrichtung dargelegt durch seine Uebersetzung von Pope's „the temple of fame", das zu Vorbildern Petrarka, Chaucer, Spenser u. A. hat. Seine Gedichte sind kräftig und bilderreich, doch zuweilen geschmacklos. Er ist nicht produktiv gewesen.

Das 18. Jahrhundert war die Zeit der literarischen Gesellschaften. Im Jahre 1759 war in Kopenhagen die „Gesellschaft zur Förderung der schönen Künste und Wissenschaften" gestiftet worden, 1772 entstand ebendort die „norwegische Gesellschaft", in welcher sich bald national norwegische Tendenzen geltend machten. Mit solchen Mustern vor Augen ward 1779, nachdem schon früher ein ähnlicher Versuch gemacht worden war, von isländischen Studenten in Kopenhagen „die isländische Gesellschaft der gelehrten Künste" (hið islenzka lærdómslista-fjelag) gegründet. Dieselbe bestand bis 1795, ihr Ziel war „Aufklärung", Bildung und praktische Kenntnisse im Volke zu verbreiten, die Sprache zu pflegen etc. Sie arbeitete kräftig in dieser Richtung und gab in 15 Bänden eine Menge werthvolle, theils übersetzte, theils originale Abhandlungen, Dicht- und Wissenschaftswerke heraus. Im Jahre 1794 ward sie von der neu errichteten königlichen „isländischen Landes-Unterweisungs-Gesellschaft" abgelöst. Diese verfolgte ähnliche

Zwecke, war jedoch mehr auf das Praktische und Volkliche gerichtet. Ihre Hauptstütze war der Patriot Magnús Stephensen († 1833). Sie starb in den Kriegs- und Nothjahren des 19. Jahrhunderts allmählich ab. Da nahm der berühmte Däne R. Kr. Rask, ein warmer Freund der isländischen Literatur, im Jahre 1816 den durch die beiden vorgenannten Gesellschaften vertretenen Gedanken wieder auf. Unter seiner Beihülfe traten die angesehensten der in Kopenhagen befindlichen Isländer zur „isländischen Literaturgesellschaft" (hið islenzka bókmentafjelag) zusammen, welche aus zwei Abtheilungen besteht, die eine mit Sitz in Reykjavík, die andere in Kopenhagen. Die Ziele derselben sind mehr literarischer als volksthümlicher Art, sie will „die isländische Sprache und Wissenschaft, die Bildung und den Ruhm des Volkes" sowohl mit Büchern als auf andere Weise stützen und stärken. Sie hat, dies Ziel zu erreichen, bis heute mehr als 200 Bände des verschiedensten Inhalts herausgegeben und ist noch in vollster Wirksamkeit. In den ersten Jahrzehnten ihres Bestehens hatte sie mit Unverständniss, ja einer gewissen Abneigung zu kämpfen: ihre Ziele lagen dem Volke zu hoch. Allmählich jedoch wuchs es auf zu dieser Höhe, es bekam Verständniss für das auf Hebung der literarischen und geistigen Verhältnisse des Landes gerichtete Streben, und während bis 1840 die Gesellschaft auf Island nur etwa 30 Mitglieder hatte, nahm die Zahl derselben nun rasch zu und beträgt heute im Ganzen ca. 800. Zu diesem Wachsthum des Volkes in geistiger Beziehung trugen nicht wenig bei die periodischen Zeitschriften, welche vom zweiten Jahrzehnt des 19. Jahrhunderts an auf Island zu erscheinen begannen. Ausser den von der Literaturgesellschaft herausgegebenen verdient hier die auf der Insel Viðey bei Reykjavik gedruckte „Klosterpost" (1818—1826), durch welche der erinnerungswürdige Essayist und Jurist Magnús Stephensen den grössten und tiefgehendsten Einfluss auf seine Landsleute gewann, vor Allem aber „Fjölnir" (1835—1845) genannt zu werden. Magnús Stephensen's Ziele lagen in praktischer Richtung, er schrieb eine grosse Anzahl Bücher und Schriften zum Nutzen des Volks. Seine Sprache ist jedoch ausserordentlich stark mit Fremdwörtern gemischt, und ganz ausserhalb des alten Charakters. Das Gegentheil der Klosterpost war hierin Fjölnir. Unter den Herausgebern dieser Monatsschrift befanden sich der berühmte Sprachgelehrte Konráð Gíslason (geb. 3. Juli 1808), der Dichter Jónas Hallgrimsson (1807—1845) und der geistvolle, weitbereiste Schriftsteller Probst Tómas Saemundsson († 1841). Sie gewann denn auch bald, unter Mithülfe der linguistischen — ich möchte fast sagen „Inspiration" — des Erstgenannten, geschmückt mit den in classische Sprache gekleideten, formvollendeten, geist- und gedankenvollen Gedichten des Andern und gefüllt mit den weckenden Aufsätzen des Dritten, die dem Volk seinen armseligen Zustand sowohl in geistiger als materieller Beziehung vor Augen hielten, dem Althergebrachten, Nutzlosen, Jämmerlichen die Flitter abrissen und auf die beste Abhülfe der Nothstände hinwiesen, — einen ungemein tiefgehenden

Einfluss. Dieser gelangte allerdings nur durch Kampf zum Sieg. Gegen die fortschrittlichen Tendenzen des Fjölnir ergriffen die Reactionäre das Wort in der Zeitung „Sunnanpósturinn" (Post von Süden). Eine heftige Fehde entbrannte, die jedoch nur dazu diente das Neue, was Fjölnir brachte, in weiteren Kreisen bekannt zu machen und ihm zu rascherem Siegen zu verhelfen.

Neben den genannten Zeitschriften wirkte die nun in grösserem Maassstabe beginnende, durch dänische Gesellschaften besorgte Herausgabe altisländischer Literaturwerke kräftig auf die Erziehung des isländischen Volkes ein. Seitdem die Manuskripte aus Island gezogen worden waren hatte nur ein kleiner Theil durch den Druck wieder den Weg in die Volkshände gefunden. Das ward seit den letzten Jahrzehnten des 18. Jahrhunderts anders; der Isländer erhielt in seinen Sögur einen Maassstab in die Hand die einstige Grösse zu messen, Vorbilder, die zu erreichen er alle Kräfte anspannen musste, ein Kriterium für den Werth der bisher so eifrig gepflegten „Reimdichtung" und vieler anderer lieber Dinge.

Drittens aber hatten schon vor Fjölnir die in Abschriften über ganz Island verbreiteten Gedichte des grossen Skálden Bjarni Thórarensen der geistigen Anschauung und dem geistigen Vermögen der Nation einen höhern Schwung gegeben, wenn sein Einfluss auch erst später ein durchgreifender wurde; mit Fjölnir und ihm stehen wir schon mitten in der neuesten Zeit Islands, welche wir am besten mit dem Stiftungsjahre der Literaturgesellschaft beginnen.

## III. Neueste Zeit (von 1816 an).

Ueberall in Europa erwachte im Anfang des 19. Jahrhunderts das Selbstgefühl der Völker. Man bäumte sich gegen jede wirkliche oder eingebildete Unfreiheit in geistiger oder politischer Beziehung, man suchte die nationale Eigenart auf, hob sie hervor, ja machte sie zuweilen zu einem „goldenen Kalb", dem man Weihrauch streute, um das man sich im endlosen Tanze drehte. In Dänemark hatte der brutale Angriff der Engländer die Nation in politischer Beziehung, Oehlenschläger's Dichtung aber in geistiger zum Selbstbewusstsein geweckt. Er hatte sein Volk klar empfinden lassen, dass es eine, von der anderer Nationen grundverschiedene, dänische Art des Denkens und Dichtens gebe. Die hervorragenden Geister suchten sich dieser heimischen Eigenart bewusst zu werden, ihr gemäss zu schaffen und sie zu veredeln. Da entstand die national-dänische Literatur.

Die grosse Mehrzahl der Geistes-Heroen, die studirende Jugend Islands befand sich in Kopenhagen, dem Centrum der geistigen und politischen Strömungen in der dänischen Monarchie. Die nationale Bewegung ergriff auch sie und verpflanzte sich durch sie nach Island. Sie bestrebten sich — wie wir gesehen haben — durch Gesellschaften, durch weckende Schriften (Fjölnir) des Volkes Zustände zu bessern, es auf sich selbst aufmerksam zu machen, zum Bewusstsein seiner Eigenart zu führen und diese nach aussen hin, besonders gegen dänische Uebergriffe, kräftig zu wahren.

Sie arbeiteten nicht vergebens, ja man darf sagen, sie machten die Isländer erst damals zu einer Nation, während sie bisher nichts Anderes gewesen waren, als ein in einen Erdwinkel verschlagener und dort übrig gebliebener Rest des alten nordgermanischen Volksstammes, eine Curiosität. Und diese kleine Nation von 40—50 Tausend Seelen begann sich zu fühlen und hatte mehr Grund hierzu als manche andere hundertfach grössere: Ihre Beihülfe zur Culturarbeit war stets kräftig und eigenthümlich gewesen und blieb dies auch fernerhin. Und da nun Jupiter die Güter der Erde vertheilte, stand sie nicht fern, wie der Poet im Gedichte, sondern forderte ihr Theil und stritt für dasselbe. Was sie begehrte war ihr „Vaterland" und Gleichberechtigung desselben, innerhalb der Gesammtmonarchie, mit Dänemark.

Die neuen Ideen auf politischem, socialem und literarischem Gebiete riefen unter den Isländern ein gewaltig bewegtes geistiges Leben hervor. Die Poesie begann in das Leben einzudringen, sie warf die „Nützlichkeitsbande" von sich, ward sich selbst genug, strömte hinein in das Volk, gab seinem Dasein einen höheren Schwung, räumte das Philisterhafte, Hässliche, die öde Reimerei zur Seite und ward besonders lebendig unter der Jugend des Landes, die sich auf engem Raum zu gemeinsamen Studien zusammenfand. Dies Durchdringen des Lebens mit der Poesie, das liebevolle Vertiefen in die Vorzeit, da Saga und Skáldengesang das farbenreiche Volksleben durchtönte und in allen seinen Aeusserungen begleitete, die Hinneigung für das

Volksmässige, die Abneigung gegen das unwahr Sentimentale, die Sorgfalt, die man der poetischen Form, der Muttersprache, zuwandte — dies Alles lässt die aufblühende isländische Poesie, sowie das gesammte isländische Geistesleben des Jahrhunderts der romantischen Schule angehörig erscheinen. Heutzutage hat auch auf Island diese Schule sich überlebt, die poetische Schöpferkraft innerhalb derselben nimmt ab, sie geht am Zwang der Convenienz, an Selbstüberschätzung zu Grunde. Deshalb steht jedoch kein Verfall der Dichtkunst bevor — so lange die Nation sich selbst treu bleibt, ihrer Vorzeit nicht vergisst, mit einem starken Selbstbewusstsein nach vorwärts strebt, so lange wird auch die isländische Dichtung blühen, sie wird neue Bahnen einschlagen, nachdem sie die alten verlassen, neue Ziele stecken, nachdem sie die alten erreicht.

Die isländische Literatur des 19. Jahrhunderts findet ihre Vorbilder in der Vorzeit, ja geht zum Theil sklavisch in deren Spur. Das erste Buch, das der junge Isländer in die Hand bekommt, ist eine Saga. Er behält sein ganzes Leben hindurch die Vorliebe für diese nationalen Erzählungen, er vertieft sich in die Skáldenlieder, studirt deren Versarten und Gedankengang. So kommt es, dass, wenn er literarisch thätig auftritt — und fast alle nur einigermaassen gebildete Männer, ja nicht selten auch Frauen, schriftstellern — seine Arbeiten viel von dem alten Charakter und Ton an sich tragen, ihre Stoffe der Geschichte, dem Volksleben des Vaterlandes entnommen sind, und sich in ihnen eine oft schrankenlose Phantasie, eine besondere

Rücksichtnahme auf das Aeussere und Formelle der Dichtung geltend macht. Die isländische Lyrik erleidet durch das Letztere einen unnatürlichen Zwang, den noch Niemand abzuwerfen den Muth gehabt hat, auf der andern Seite jedoch erhält sie dadurch unter geschickten Händen einen fest gefügten, streng rhythmischen Gang, und, indem sie noch heute neben den modernen Versarten und Reimen die Alliteration, die Assonanz, die einfachen Verse der Eddalieder, die kunstreichen der Skáldenpoesie festhält, einen Formenreichthum, eine Möglichkeit die Stimmungen schon durch das Aeussere der Dichtung auszudrücken, wie keine andere Literatur. Die Sprache, deren man sich befleissigt, ist die der jüngeren Edda und der Heimskringla; man sucht alle Fremdwörter fernzuhalten, ja selbst für technische, bei allen Nationen eingebürgerte Worte erfindet man eigenthümliche isländische Bezeichnungen. Dennoch ist es unmöglich alles Ausländische zu vermeiden, und indem die altnordische Redeweise auf moderne Stoffe angewandt wird, modernes Fühlen und Denken ausdrückt, erhält sie einen wesentlich andern Charakter. Das alte Gepräge tragen Sprache und Dichtung hauptsächlich und am wenigsten gewandelt in den Grab- und Lobliedern auf Verstorbene, an denen die Literatur ungemein reich ist, welche, besonders bei Bjarni Thórarensen, oft in den alteddischen Versmaassen erscheinen und zuweilen einen ehernen, fast kriegerisch einherbraussenden Gang haben. Nicht arm ist die isländische Lyrik an patriotischen und vaterländischen Liedern. Hier legten die Dichter ihre

politischen Wünsche, ihre warme Liebe zur Heimath nieder.
Die meisten derselben stellen Vergleiche an zwischen Vorzeit und Gegenwart, mit starker Hervorhebung der Kraft und Grösse ersterer, und überspringen gänzlich die fünf Jahrhunderte, die zwischen dem Einst und Jetzt liegen. Sie besingen die Berge des Vaterlandes, den „Kopfputz der Bergfrau" (man meint damit die Gletscher und Firnen der isländischen Gebirge), die Krystallflüsse, die steilen Wasserfälle, das grundtiefe Meer u. dgl. Wir könnten eine Menge Beispiele solcher Phraseologie, solchen immer wiederkehrenden Bombastes anführen, zu denen wohl Jeder der aufzuzählenden Dichter beigesteuert hat. Ueberhaupt muss die isländische Poesie zuweilen schwer tragen an von der Vorzeit überkommenen, überall angebrachten Umschreibungen, Redeblumen und Redensarten, welche den Gebrauch der Alliteration und Assonanz erleichtern und deshalb noch heute angewandt werden. Sie tragen neben den Reimarten, die den Dichter zwingen seine Worte ihres Aeussern halber zu wählen, nicht wenig zur Verdunklung des Sinnes bei, und schwächen hierdurch den unmittelbaren Eindruck der Lyrik. Die isländische Erotik ist meist feurig, kräftig, sinnlich; der Kuss spielt in ihr eine Hauptrolle. Sie ist, wie die Liebe zur Natur, der man die besten Motive entlehnt, meist keine sentimentale Gefühls- und Stimmungsschwärmerei (obgleich in unsern Tagen auch diese sich breit macht), sondern der Ausbruch eines kräftigen, stolzen, naturfrischen Gemüthes, das sich mit hellem Auge im Leben und in der Natur umsieht. Im

Hervorragen der Naturschilderung, in dem gewaltigen Phantasieleben, in der Tiefe und dem Ernst der Stimmung, welch Letzterer zuweilen mit ergreifender, psychologischer Wahrheit in einen grossartigen Humor überspringt, im Hervorheben der Freiheitsidee, des Ich, der persönlichen Stimmung — in diesem Allen begegnet sich der bessere Theil der isländischen Lyrik mit der englischen. — Wir gehen nun zu kurzer Besprechung der einzelnen Dichter und Wissenschaftsmänner über.

Bjarni Thórarensen (1786—1841) war in den ersten Jahrzehnten des 19. Jahrhunderts der kräftigste Wecker und zugleich Repräsentant seiner Nation. Er war ein Isländer vom Scheitel bis zur Zehe, in ihm war all die Eigenart desselben vereint und höchst kräftig entwickelt. Darum war auch sein Einfluss ein so gewaltiger. Doch war er nicht der Lehrer seines Volkes, oder wollte es sein, — nein, er war etwas Höheres, er war ihr Vorbild, ihr Meister. Das Volk erkannte in seinen Worten, in seinem Thun und Dichten, Denken und Fühlen sich selbst. Seine Gedichte und Lieder waren in Abschriften über das ganze Land verbreitet; so etwas rein isländisches hatte man seit der Sagazeit nicht in die Hand bekommen; das war Geist vom eigenen Geist, Blut vom eigenen Blut, Herzschlag aus dem Herzen der Nation. Die nationale Ursprünglichkeit, das „eddaartige" im Aeussern und Innern seiner Dichtung, der überwältigende Reichthum der Phantasie, die Energie und Präcision des Ausdrucks, Tiefe der Gedanken und das rege Schönheitsgefühl machen ihn zu einem der grossen

unvergänglichen Weltdichter, die alle Zeiten überdauern.
Er war nur Lyriker, doch ein energischer Dichter, ein
Vulkan, in dessen Tiefe die Lava siedet, dessen Ausbrüche
etwas elementares haben, so dass an ihnen die Regeln der
theoretischen Aesthetik zu Schanden werden. Aber nie
ist das Unregelmässige bei ihm unschön, er ist zu sehr
Dichternatur, um den Flug seiner Begeisterung, seiner
Phantasie über die Grenzen des Poetischen hinwegsteuern
zu lassen. Glühende Wärme durchzieht seine patriotischen
und erotischen Dichtungen, seine Spottgedichte sind beissend,
seine Scherzdichtungen sind ausgelassen, ja werden zuweilen grotesk, dennoch hat die Bewegung bei ihm meist
eine Festigkeit und Sicherheit, dass man ihm nur das
Beste der alten Volksdichtung zur Seite stellen kann. Alles
Männliche, Streitbare ist ihm sympathisch. Der Tod, der
ernste, gewaltige, unbeugsame Schnitter des Lebens zieht
ihn besonders an. Er ist gemäss der Natur seines Landes
mehr moll- als dur-gestimmt, aber seine Melancholie, sein
Trübsinn besitzt nie etwas weltschmerzartig Zerrissenes
oder elegisch Weiches, es weht eine kräftige, männliche
Trauer in Bjarni's Liedern, ein frommes Vertrauen auf
Gott und Geschichte.

Ein gleichhell leuchtender Stern am isländischen Dichterhimmel ist Jónas Hallgrimsson. Als Fjölnir im Jahre 1838
das Gedicht „Gunnarshólmi" brachte, rief Bjarni: „Nun
glaub' ich, ist es am Besten, ich höre auf zu dichten."
Beide Männer begegnen sich in den echt isländischen
Grundzügen ihrer Charaktere. Während jedoch bei Bjarni

die grössere Kraft weilt, hat Jónas die grössere Eleganz, während jener innerlicher ist, zeigt sich dieser mit Vorliebe das Aeussere der Dichtung pflegend. Bjarni benutzte in weitem Maasse das alte einfache Versmaass der Edda und hatte die Kraft es auszufüllen; Jónas dagegen hat ungefähr ein Sechstel seiner Lieder im Drottvætt gedichtet, das er glänzend beherrscht. Er hat sich jedoch nicht hierauf beschränkt, sondern verschiedene neue südländische Versarten in die isländische Poesie eingeführt, und diese dadurch bereichert. Waren die Dichtungen des Ersteren eher Improvisationen, den Goethe'schen gleich, ungesucht kommend und vollendet im befruchtenden Augenblick — sowie er überhaupt kein Mann der forcirten Produktion, kein Stubendichter war, sondern im praktischen Leben stand, des in ihm wohnenden Geistes fast unbewusst — so waren die des Andern wohl ausgemeisselte, formvollendete, durchdachte Kunstwerke. Ergreift bei Bjarni der erhabene Schwung der Phantasie, die gewaltige Leidenschaft, so reisst beim Zweiten der unbeschreibliche Wohllaut, die Anmuth der Bilder hin. Dennoch fehlt auch ihm nicht ein grossartiges Phantasieleben, hochfliegende Begeisterung, und, ogleich kein so energischer, eddischer Charakter wie sein Landsmann, steht er doch — selbst wo er seinen Lieblingen Ossian und Heine nachstrebt — der südlichen Sentimentalität als ein echter Nordländer gegenüber. Er verweilt gern bei Naturstimmungen und Naturschilderungen um ihrer selbst willen, während Bjarni dieselben als Einkleidung einer Idee betrachtet. Des Letzteren Blüthe fällt in sprachlicher Hinsicht vor die isländische Renaissance, vor Fjölnir, wenn er auch stets bemüht war eine reine Sprache zu schreiben; Jónas war einer der Führer bei der sprachlichen Wiedergeburt, sein Isländisch ist durchweg classisch, mustergiltig. Er stand mitten im Kampfe, und während Bjarni's Dichtung mehr die Goethe'sche Ruhe und Objectivität zeigt, giebt ihm seine Eigenschaft als „Vorkämpfer" die Richtung auf das Ideale, führt ihn in Opposition gegen das Bestehende, bildet in ihm die Neigung zu starker oratorischer Färbung aus, zum bildenden und bestimmenden Eingreifen in den Stoff. So ergänzen diese Männer einander, Beide sind Blüthen auf demselben Stiel, Zweige desselben Stammes; bei Beiden ist die Liebe zum Vaterland eine Haupttriebfeder ihrer Dichtung, Beide werden ewig im Gedächtniss ihres Volkes fortleben und Jeder wird sein Publikum um sich sammeln, dessen vorzüglichster Liebling er ist.

Als Beispiele der modernen Dichtung in altnordischen Formen geben wir eine Nachbildung der drei letzten Verse in Bjarni Thórarensen's Lied auf den Winter, und der beiden ersten in Jónas Hallgrímsson's Lied über Magnús Stephensen, indem wir, neben der Alliteration, die halben und ganzen Silbenreime des Letzteren nachzubilden versuchen.

### Veturinn (Bjarni Thórarensen).

8. Winter weichet  
wohl dem Lenze,  
flieht nicht fern doch,  
fliegt empor  

mit breiter Brust  
zu blauen Lüften:  
Lenz ist unten,  
oben Winter;

9. Neigt sich nieder,
nah der Erde,
an den Polen
packt er sie
und hält in Haft
die Häupter all',
die hier auf Erden
dem Himmel nahen.

10. Siehe, selbst
in Sommerzeiten
schmückt des Winters
Schnee den Berg,
des Lenzes Lächeln
lockt dem Greis
vom Haupte nicht
des Himmels Weiss.

## Magnúsarkviða (Jónas Hallgrímsson).

1. Sieh über der See
sitzen, in blitzend
heller Hall
die Herrin vom Berge; (Island)
flimmernd flammen
ferne Sterne;
die lichten leuchten
lachend der Nacht.

2. In Schlüften schlafen
schwanke Ranken,
Möven am Meere,
Mäuse in Häusern;
Bleiern, den Bauern,
brachte die Nacht
über Meer und Moore
milde Bilder.
etc.

Bahnbrechend ist Jónas Hallgrimsson als Prosaverfasser gewesen. Seine kleinen Erzählungen zeigen eine Formvollendung, Beobachtungs- und Darstellungsgabe, die zu grossen Erwartungen für eine isländische Novellistik berechtigten. Leider machte diesen, sowie so manchen andern auf ihn gesetzten Hoffnungen der frühe Tod des Dichters ein Ende.

Die isländische Literatur dieses Jahrhunderts hat hinfort nichts diesen beiden Dichtern Ebenbürtiges aufzuweisen. Auch wir haben nur einen Goethe, nur einen Schiller und trotzdem hängen wir mit Liebe an späteren Sängern unseres Volkes. Man möge jedoch hier die Bemerkung gestatten, dass die Isländer, ein Volk, in dem fast jeder erwachsene

Mann einigemale den Pegasus bestiegen hat, allzu schnell fertig sind den Dichternamen auszutheilen. Hierbei räumt man besonders dem Aeussern einer vorliegenden Dichtung einen zu grossen Einfluss ein. Ich habe nicht selten sagen hören: „die Meinung ist dunkel, aber es klingt schön." Gleichzeitig mit Bjarni Thórarensen und Jónas Hallgrimsson lebte der berühmte Gelehrte Sveinbjörn Egilsson (1791—1852). Da wir bei dem Reichthum der isländischen Literatur im 19. Jahrhundert am besten die belletristischen und die wissenschaftlichen Schriften je für sich betrachten, nehmen wir hier blos Rücksicht auf seine Thätigkeit als Dichter, die keineswegs mit seiner wissenschaftlichen auf gleicher Höhe steht. Was seine Gedichte auszeichnet ist ihre Reinheit in Stoff und Form, und ihre classische Sprache. Er übersetzte geschickt und versgewandt den Homer in das Isländische.

Gewissermaassen einen Gegensatz zu Sveinbjörn Egilsson bilden die in den letzten Jahrzehnten des vorigen Jahrhunderts geborenen Gísli Konráðsson (1787—1877), Hjálmar Jónsson (1789—1875) und Sigurður Breiðfjörð (1798—1846). Sie sind Naturdichter, mit zum Theil hervorragender Begabung, aber ohne genügende Bildung diese zu zügeln und zu verwerthen. Ihre Dichtungen erfreuten sich einer grossen Beliebtheit unter dem Volke, sind jedoch nur in ganz einzelnen Fällen eine wirkliche Bereicherung der Literatur. Sie pflegten besonders auch die „Reimdichtung". Der Erstere sammelte Volkssagen und Märchen; es stammen eine Anzahl der von Konrad Maurer und Jón

Árnason herausgegebenen von ihm, obgleich er wenig genannt wird. Sigurður Breiðfjörð aber verfertigte in seinen Numa-Reimen die beste Reimdichtung, welche Island besitzt.

Grímur Thomsen (geb. 1820) hat in seinen leider wenig zahlreichen Gedichten den Ton des Volksliedes angeschlagen. Er zeigt sich als wahren Dichtergeist durch seine auf Island seltene Selbstkritik, welche ihn nur die besten seiner Produkte drucken liess. Man tadelt seine Verstösse gegen die Gesetze der Alliteration u. s. w., für Ausländer jedoch gehören seine Dichtungen unstreitig zu dem Ansprechendsten innerhalb der isländischen Literatur. Er weiss das Stimmungsleben — zuweilen in fast dämonischer Weise — aufzuregen und zu lenken wie Wenige unter seinen Landsleuten. Als Beispiel seiner Dichtung diene:

### In der „Sprengisand-Wüste".

1. Renn', o renn' mein Rösslein durch die Weiten!
Roth am Arnarberg die Sonne sinkt.
Finst're Schatten flatternd uns begleiten,
fahl die Gletscherwelt herniederblinkt.
Rösslein! Gott beschirme deinen Schritt:
schwierig wird des Tages letzter Ritt.

2. Renn', o renne! Füchse keifend kläffen,
kühlen wohl im Blute ihren Grimm.
Horch! Will mich ein trügend Echo äffen,
oder hört' ich ferne Männerstimm'!?
Räuber treiben in der Lava leicht
lichtscheu Wesen, wenn der Tag verbleicht.

3. Renn', o renn' mein Rösslein durch die Weiten!
Rauchgebilde schloss die Fernsicht schon.
Durch die Wüste sich Gespenster spreiten;
Spukgestalten greulich uns bedrohn:
Kost' es auch mein allerbestes Thier,
Die Oede, wollt' ich, läge hinter mir!

Ein anderes Beispiel seiner Dichtung geben wir als Anhang.

Jón Thoroddsen (1819—1868) und Jón Þorleifsson (1825—1860) sind wesentlich als Prosaverfasser zu nennen. Des Ersteren „Knabe und Mädchen" (Piltur og Stúlka; in deutscher Uebersetzung durch Poestion, Leipzig 1884) und „Mann und Frau" (Maður og Kona) sind lebenswahre, farbenreiche und frische Erzählungen aus dem isländischen Volksleben. Sie sind in der Sprache geschrieben, die das Volk wirklich spricht, haben hübsche dem Leben abgelauschte Charakterzeichnungen: lassen jedoch als Compositionen viel zu wünschen übrig. Wir geben als Anhang eine Probe der Prosa dieses Verfassers. Des Andern „Aus dem Alltagsleben" (Úr hversdagslífinu) steht in dieser Beziehung höher, ist jedoch leider, wie auch das breit angelegte „Maður og Kona" des Vorgenannten, nicht vollendet. Diese Erzählungen erhalten einen eigenthümlichen Reiz durch Anwendung der alten Sprache auf moderne Stoffe, sie sind von Werth und Interesse, trotz ihrer Mängel, weil sie sich auf die Schilderung heimischer Zustände beschränken. Eben deshalb und nur aus diesem Grunde dürfen wir hier auch die Romane „Mannamunur" von Jón Mýrdal, „Aðalsteinn" von Páll Sigurðsson nennen.

Höheren Werth hat „Brynjólfur Sveinsson" von Frau Torfhildur Þorsteinsdóttir Hólm.

In seinen Poesien besitzt Jón Thóroddsen die grössere Kraft, während Jón Þorleifsson mehr Natürlichkeit und Schlichtheit eigen ist. Beider Dichtungen sind anmuthig, gefühlswarm und formschön, ohne tief in ihren Gedanken oder hochfliegend in ihren Phantasiebildern zu sein.

Magnús Grímsson (1825—1860), Sveinn Skúlason (geb. 1824), Gisli Thórarensen (1818—1874) müssen ebenfalls als Lyriker der besseren Art genannt werden; ihre Gedichte sind leider in Blättern und Jahrbüchern verstreut und nicht gesammelt. Der Erstere scheint eine fein angelegte Dichternatur gewesen zu sein, des Dritten Poesien fallen durch ihre flüssigen Reime angenehm in das Ohr und durch ihre der Prosarede nahen Sprache leicht in das Verständniss, sie sind deshalb unmittelbar ansprechend.

Benidikt Gröndal der Jüngere (geb. 1826) ist hervorragend durch den gewaltigen Flug seiner Phantasie, welcher seine Gedanken in stets neuen Bildern hervorsprudeln lässt. Hierdurch wird indessen seine Sprache oft überladen, seine Meinung dunkel, und zuweilen findet man unter all dem Bilderreichthum wenig reellen Inhalt. Einzelne seiner Produkte sind von seltener Grossartigkeit und Schöne, doch hat er Vieles drucken lassen, was besser unbekannt geblieben wäre. Sein Epos Örvar-Odds-Drápa ist wenig erwähnenswerth. Humoristisch ist die Satire Gandreiðin. In Ragnarökkur hat er das Ende der Götter dramatisch behandelt.

Gísli Brynjúlfsson (geb. 1827) und Kristján Jónsson (1842—1868) haben die durch Bjarni Thórarensen's Lieder klingende Schwermuth zuweilen zu Sentimentalität und düsterer Stimmungsmalerei ausgeartet. Dennoch haben einige ihrer Lieder einen bestrickenden Reiz, besonders für die Jugend, sind wahr und innig gefühlt und geben wahrhaft poetischen Gedanken Luft. Der Erstere entnimmt nicht selten seine Bilder und Gleichnisse der griechischen und jüdischen Mythologie. Der Andere starb 26 Jahre alt, steht deshalb meist noch auf einem jugendlich unreifen Standpunkt, wo ihm die Sprache nicht genügend erscheint, um die starken Gefühle und Stimmungen, welche seine Brust bewegen, auszudrücken.

Steingrímr Thorsteinsson (geb. 1830) und Mattías Jochumsson (geb. 1835) sind zwei verwandte und doch in Vielem verschiedene Dichternaturen. Sie sind die letzten hervorragenden Vertreter der Romantik auf Island, können sich jedoch nicht immer ganz von Sentimentalität freihalten. Der Erstere legt eher seine Stimmungen in das Leben hinein, der Andere entnimmt sie demselben. Jener verbindet Adel der Gefühle mit Schönheit der Form. Seine Naturgemälde sind oft von ausserordentlicher Schönheit und Stimmungstiefe, jedoch meist eher eine Reihe Einzelheiten, keine Gesammtbilder. Mattías Jochumsson dagegen ist eine schwungvollere Dichternatur, nimmt es aber mit Form und Sprache nicht immer genau. Je höher sein Flug geht, desto tiefer ist hin und wieder sein Fall. Beide haben viele dramatische, epische und lyrische Dichtungen aus dem Englischen (z. B. Shakespeare's Dramen), Deutschen, Dänischen, Schwedischen (Frithjofssaga) in vorzüglicher Weise übersetzt. Steingrímr Thorsteinsson hat ausserdem in mehreren ungedruckten Liedern ein hübsches Talent für die komische Dichtung gezeigt, während der Andere in seinen „Verfehmten" (Útilegumennirnir), Schauspiel in drei Akten, sich nicht ohne Glück im Drama versuchte.

Als dramatischer Dichter ist auch Indriði Einarsson in seiner „Neujahrsnacht" aufgetreten. Dieselbe ist unreif, enthält jedoch einige hübsche Einzelheiten und verräth ein versprechendes Talent.

Eine humoristische Natur ist Páll Ólafsson (geb. 1827). Man kann sich nur freuen, wenn einzelne Isländer ihrer Laune frei zu walten erlauben, und dadurch auch die Lebensfreude und Frische zu Worte kommen lassen, die eine ebenso berechtigte Seite des Nationalcharakters ist, als die durch ihre meisten Poesien ziehende Schwermuth und düstere Lebensauffassung.

In der isländischen Literatur hat sich im letzten Jahrzehnt eine Neigung die Romantik, die Ideale zu verlassen und sich dem realen Leben zuzuwenden geltend gemacht. Diese Bewegung ist noch im Werden, und man kann noch nicht absehen wohin sie führt. Ein Dichter, der auf der Scheide steht zwischen alter und neuer Zeit, der in Vielem mit Jung-Island nach vorwärts strebt, in sehr vielem Andern aber noch den früheren Skálden zugezählt werden muss, ist Jón Ólafsson (1850). Seine Reisebilder aus Amerika sind farbenreiche, poetisch empfundene Dichtungen.

Versprechende Talente unter den jüngsten Skalden Islands sind unter Andern Gestur Pálsson (geb. 1852), dessen Novelle „das Liebesheim" (Kærleiksheimilið) zu den besten Erzeugnissen der isländischen Novellistik gehört; Hannes Havstein, Einar Hjörleifsson, Þorsteinn Erlingsson etc.

Ein für sich stehendes, vorzügliches Werk ist die Sammlung isländischer Volkssagen und Märchen des Bibliothekars in Reykjavik: Jón Árnason (geb. 1819). Es ist diese Sammlung die dritte und bei Weitem vollständigste der bisher Erschienenen. Die früheren wurden unternommen durch Professor K. Maurer in München, und durch die Herren Magnus Grimsson und Jón Árnason. Jón Árnason's Buch unterscheidet sich von andern Aehnlichen durch die unveränderte und schmucklose Wiedergabe der Erzählungen, wie sie im Munde des Volkes umgingen. In ihnen ist das volkliche Element, der eigenthümliche, flüchtige Geist des echt Nationalen in voller Reinheit erhalten. Obgleich das Werk zwei starke Bände umfasst, hat mir der Herr Bibliothekar versichert noch ebensoviel Stoff im Manuskript zu besitzen.

Island ist, im Verhältniss zu seiner Bewohnerzahl, ungemein reich an Zeitschriften und Zeitungen. Alle sind äusserlich gut, ja brillant ausgestattet, und bemerkenswerth durch ihren Reichthum an tüchtigen originalen Aufsätzen. Die Entfernung der Insel, ihr seltener Verkehr mit dem Auslande bringt es mit sich, dass die Journalisten nicht ihre Artikel aus fremden Blättern ausschneiden und übersetzen können, sondern sich ausschliesslich mit den eigenen inneren Angelegenheiten des Landes beschäftigen müssen, worunter dasselbe nicht leidet. Und selbst die in Kopenhagen erscheinenden Jahrbücher haben als Ziel die Besprechung und Aufbesserung der eigenartigen socialen, politischen und literarischen Verhältnisse Islands, was ihrem Inhalt ein durchaus originales Gepräge giebt. Unter den Monats- und Jahresschriften ragen, ausser den von der Literaturgesellschaft herausgegebenen, an Bedeutung hervor die schon genannten „Klosterpost" und „Fjölnir", ferner die „Neue Vereinsschrift" (Ný Fjelagsrit) und „der Wachsame" (Andvari).

Die „Vereinsschriften" lösten in den vierziger Jahren, nachdem sie eine Zeitlang neben „Fjölnir" bestanden hatten, denselben ab. Der Schwerpunkt ihrer Wirksamkeit lag in politischer Richtung. In ihnen entfaltete hauptsächlich der berühmte Vorkämpfer für die isländischen politischen Rechte, der Alldingspräsident Jón Sigurðsson (1811 bis 1879) seine von so schönen Erfolgen begleitete Wirksamkeit. Der Inhalt ihrer 30 Bände besteht aus den formschönen und durchdachten Abhandlungen dieses „Vaters der isländischen Selbständigkeit", aus belehrenden und unterhaltenden Aufsätzen aller Art und aus den besten Gedichten neuerer isländischer Dichter. Sie sind von dem tiefgehendsten und weckendsten Einfluss auf das isländische Volk gewesen, das sie geradezu erst zum Gebrauche seiner im Jahre 1874 gewährten Autonomie erzogen haben. „Der Wachsame" löste 1873 wiederum die „Vereinsschriften" ab und arbeitet mit ähnlichen, jedoch mehr auf die inneren Verhältnisse der Insel gerichteten Zielen. Diese, nun in neun Bänden vorliegende Jahresschrift ist das Organ der im Jahre 1870 gestifteten „Gesellschaft der Volksfreunde" (Pjóðvinafjelag).

Die seit 1880 begonnene Zeitschrift der „Literaturgesellschaft" bringt in vierteljährlich erscheinenden Heften Arbeiten der besten Verfasser Islands über innere und äussere Zustände der Insel und ihrer Bewohner.

Die älteste isländische Zeitung, der Þjóðólfur (altisländischer Name), begann ihre Wirksamkeit im Jahre 1848. Im Frühjahr 1885 bestanden, ausser dem „Regierungsblatt" sieben politische Wochenblätter, von denen vier in Reykjavík, zwei in Akureyri, eine in Seyðisfjord herauskamen, zwei belletristische Monatsschriften mit Namen Heimdall und Iðunn, sieben Jahrbücher: Andvari, tímarit hins íslenzka bókmentafjelags, Skirnir, Frjettir frá Islandi, Árbók hins íslenzka fornleifafjelags und drei Almanache.

Island ist in diesem Jahrhundert reich an Uebersetzungen und originalen Arbeiten in allen Wissenschaftszweigen. Ja, die wissenschaftliche Thätigkeit der Isländer verdunkelt weitaus die belletristische, der Schwerpunkt der isländischen Literatur liegt hier.

Weltbekannt sind die Alterthumsforscher und Sprachgelehrten: Finnur Magnússon (1781—1847), Sveinbjörn Egilsson (1791—1852), Konráð Gislason (geb. 1808), Guðbrandur Vigfússon (geb. 1827), Jón Þorkelsson (geb. 1822), Eirikur Jónsson (geb. 1822) durch ihre Lexica (unter denen besonders das Lexicon poeticum linguæ septentrionalis des Zweitgenannten hervorzuheben ist), durch ihre gelehrten Ausgaben alter isländischer Literaturwerke, durch scharfsinnige Erklärungen derselben, durch sprachwissenschaftliche Schriften u. dgl. m. In engerem Umkreise sind auch H. Friðriksson (geb. 1819), Eirikur Magnússon (geb. 1833), die jungen Gelehrten Björn Ólsen (geb. 1850) und Finnur Jónsson (geb. 1858) u. A. rühmlichst bekannt. Unter den Geschichtsforschern sind zu nennen Jón Espólín (1769—1836), dessen vortrefflich und geistvoll geschriebenen Jahrbücher Islands in Sagaform, zwölf Theile, die Geschichte der Insel von 1263—1832 umfassen. Ferner Páll Melsted (geb. 1812), welcher seit 1864 eine grosse Weltgeschichte herausgiebt, und Pjetur Pjetursson (geb. 1808), der die Kirchengeschichte des Landes in lateinischer Sprache bis auf die Gegenwart herabführte. Gisli Konráðsson hat die Geschichte einzelner Landschaften Islands behandelt, Jón Sigurðsson durch Herausgabe des Diplomatarium Islendicum seinen Ruhm vermehrt. Zu den jüngeren Historikern gehört Þorkell Bjarnason (geb. 1839).

Auch in der Jura ist Bedeutendes geleistet worden. Der oftgenannte Jón Sigurðsson hat, im Verein mit Oddgeir Stephensen (geb. 1812), in der Sammlung der Gesetze Islands ein umfangreiches und ungemein wichtiges Werk geliefert. Magnús Stephensen und Vilhjálmur Finssen (geb. 1823) sind rühmlichst bekannt durch ihre das Rechtswesen angehenden Schriften, der Letztere auch durch seine kritische Ausgabe der Grágás etc.

Besonders reich ist Island an theologischen Schriften, Predigten, Erbauungsbüchern, Psalmendichtungen. Es ist wunderbar, wie viel das kleine Volk jährlich für die Anschaffung solcher, zum Theil kostbarer Bücher opfert. Unter den hierher gehörigen Verfassern, deren Zahl Legion ist, sind zu nennen: der Probst Árni Helgason (1777 bis 1869), der Bischof Helgi Thordersen (1794—1867), deren Reden sich denen Vídalín's zur Seite stellen, Bischof Pjetur Pjetursson (1808), Sveinbjörn Hallgrimsson (1815 bis 1863), der sich auch durch journalistische Thätigkeit einen begründeten Ruhm erwarb, Magnús Eiriksson (1806—1881), dessen Schriften in rationalistischer Richtung grosses Aufsehen erweckten, Helgi Hálfdánarson (geb. 1826) und viele Andere.

Die einzige philosophische Schrift von Bedeutung ist Njóla (Nacht) von Björn Gunnlögsson (1788—1876). Der Genannte war in fast allen Wissenschaften erfahren, seine vielfachen Schriften zeigen ihn als einen originalen, scharfdenkenden Geist. Njóla ist in gebundener Form geschrieben, reich an dichterischen Schönheiten und ansprechenden Gedanken, und giebt ein poetisches, in mancher Hinsicht interessantes philosophisches System.

In den Naturwissenschaften haben ausser Björn Gunnlögsson tüchtige Arbeiten geliefert: Jónas Hallgrimsson (Mineralogie), Oddur Hjaltalín (1782—1840, Botanik), Jón Hjaltalín (1807—1882, Medicin), B. Gröndal (Zoologie), Þorvaldur Thóroddsen (geb. 1855, Geschichte der Vulkane]) u. A. —

# Anhang.

## I. Die steinerne Frau.
(Reisebericht von Jón Thóroddsen.)

Einst war ich, wie oft zuvor, auf der Reise. Ich erinnere nicht weshalb ich reiste, oder in welchen Geschäften; aber genug, ich hatte einen Führer, der mir, da ich den Weg nicht kannte, von unserm Pfarrer verschafft worden war. Ich weiss nicht mehr wie mein Führer hiess, bin überhaupt nicht sicher, ob ich ihn nach seinem Namen gefragt habe; es ist auch gleichgültig wie sich ein solcher Geselle nennt, wenn er nur den Weg zu finden weiss, und man sich mit ihm unterhalten kann. Es ist mir jedoch so, als habe er Jón geheissen, denn das ist der Name der meisten Leute in Island.

Wir hatten über einen Gebirgspass zu reiten, welcher „Hexenpass" genannt wird, und diesen Namen von einem hochaufragenden Felsen, in Form einer Frau, erhalten hat, der dort am Wege steht.

Es war die 22. Woche des Sommers, also gegen Ende des Septembers, da sind die Nächte wieder dunkel geworden und die Tage kurz. Der Tag ging zu Ende, als wir an den Berg kamen. Da indessen der Weg über diesen nicht lang und das Wetter gut war, hofften wir noch ehe es dunkel wurde die andere Seite zu erreichen. Die Pferde waren nicht müde und wir nicht hungrig. Zwar hatten wir den Tag über Nichts gegessen, aber statt dessen im Vorbeireiten mehrere Höfe besucht und um einen Trunk Milch gebeten. Dies möchte ich allen meinen Freunden anrathen, welche auf Reisen sind und wenig Mundvorrath mit sich führen.

Nun ist weiter zu erzählen, dass wir in einem Thälchen an der südlichen Seite des Berges aufwärts ritten, und unsere Reise im Anfang ohne Hinderniss von Statten ging. Der Weg war erträglich, wenigstens im Verhältniss zu dem, was er in Island zu sein pflegt. Dann kamen wir auf den Berg selbst. Derselbe ist nicht hoch. Aber nun fiel mir auf, dass der Weg plötzlich so schlecht und so schwierig zu passiren wurde, dass wir nur Schritt vor Schritt dahin reiten konnten.

„Hier müssen wir langsam reiten," ergriff der Führer das Wort, als er sah, dass ich die Peitsche schwenkte, „Es taugt nicht die Thiere durch das Steingeröll vorwärts zu treiben; ich möchte lieber meinen Führerlohn verlieren, als dass mein Schimmel hier lahm werde."

„Das ist doch ein verteufelter Weg," rief ich.

„Er wird nicht besser davon, dass man ihn verflucht. Wir kommen übrigens bald wieder auf gute Strasse."

„Mir scheint, hier wäre es leicht eine vortreffliche Strasse herzustellen, wenn die Leute nur wollten; aber augenscheinlich ist hier seit 60 Jahren kein Stein bei Seite geschafft worden."

„Man kann getrost hundert Jahre sagen," erwiderte der Führer, „und, wie die Verhältnisse liegen, wird es wohl auch zu unsern Lebzeiten nicht geschehen."

„Wie kommt das?" frug ich, begierig zu hören, warum

gerade dieser Theil des Weges nicht geräumt werden solle. „Davon könnte man eine Geschichte erzählen," meinte Jón wichtig, und begann dann folgendermassen:

„Ueber diesen Pass führt die Hauptstrasse, und es haben deshalb die Landschaften, welche auf beiden Seiten am nächsten liegen, jede eine Hälfte desselben in gutem Stande zu erhalten. Aber die Bauern wollen sicher sein, dass sie nicht mehr thun, als sie gerade müssen, und sind darüber meist verschiedener Meinung. Das letzte Mal wurde der Weg vor zwei Jahren in Stand gesetzt. Die im Westen Wohnenden meinten, sie hätten ihre Hälfte fertiggestellt, da der Pass augenscheinlich nach Westen weiter hinabreiche. Auf der andern Seite behaupteten die Leute von Süden, dass sie ihre Pflicht gethan hätten, denn wenn der Pass gemessen werde, solle es sich wohl zeigen, dass er länger nach Süden als nach Westen sei. Da schlugen Einige vor, man möge „Björn Gunnlögsson", den Geometer, kommen und den Streit entscheiden lassen. Die Meisten riethen jedoch der Kosten wegen hiervon ab und meinten, es sei leicht auszuführen, dass Jemand den Weg abschreite. Sie schlugen hierfür „Guðmundr Weitgereist" vor. Aber auch daraus wurde nichts, denn Guðmundr erwiderte, er habe nicht so viel Schuhleder, dass er es wegen dieser schlimmen Sache zerreissen wolle. Da stand Sigurðr von Kot auf, erbat sich das Wort und sagte: „„ich bin vielleicht der dümmste unter Allen, die hier versammelt sind, und doch sehe ich einen Ausweg, welcher den Streit wohl schlichten könnte, und das ist, dass wir das umstrittene

Wegstück liegen lassen, wie es ist." „„Hört, Hört!"" riefen alle Bauern, waren sofort mit diesem Ausweg einverstanden, tranken einen Schluck aus ihren Flaschen und trennten sich in brüderlicher Eintracht."

Während ich der Geschichte meines Führers lauschte, waren die Pferde über das Streitobjekt hinübergeklettert, und wir kamen nun wieder auf gute Strasse. Um diese Zeit brach aber auch die Dunkelheit über uns herein. Das Wetter war indessen mild, die Pferde wollten vorwärts, und dies benutzten wir. Ja, mir schien es sogar viel unterhaltsamer im Dunkeln zu reiten, als da es hell war. Die Schattenbilder der Berge ragten in den Himmel, die Sterne blinkten über uns, auf dem Weg sprühten Feuerfunken, die Vögel, die sich schon im Haidekraut zur Ruhe begeben hatten, wurden vom Hufschlag aufgeschreckt, und die Wasserfälle braussten in den Klüften. Nicht verminderte es meine Freude, als ich bemerkte, dass die Milde und Schönheit der Natur einen ebenso tiefen Eindruck auf meinen Führer machte, als auf mich selbst. Er war heiter und lustig und machte Verse über dies und das, was uns begegnete. Ich erinnere von denselben nur eine Strophe, welche so lautete:

> Gries aus der *St*rasse ges*t*ossen
> *St*aubt empor, es schnaubt
> Der *B*rau*n*e, mit kräftigem *B*eine
> *B*ergsteine fegend vom Wege.
> Höhen und *G*ipfel *g*ehen!
> Der *G*ru*n*d erbebt vor dem Wunder,
> *H*ell an den *H*ügel schlagen
> *H*eisse Küsse der Eisen.

Diese Strophe lernte ich, weil mein Führer sie öfter, als alles Andere sang, und merkte ich ihm an, dass sie ihm wohl gelungen schien, und dass er wünschte, ich solle auf sie aufmerksam werden. Als ihm dies nicht glückte, begann er zu fragen:

„Dünkt Ihnen dieser Vers nicht recht gut?"

„O ja, er ist ganz hübsch, man kann ihn von Dir nicht besser verlangen."

Diese Antwort behagte ihm nicht, ja, ich sah, dass sie ihm missfiel. Damit nun nicht zwischen uns eine Verstimmung einträte, sagte ich: „Dein Vers ist gut, ich habe nur an ihm auszusetzen, dass er nicht lebhaft genug ist, und nicht vollständig unsere jetzige Empfindung ausdrückt. Ich kenne eine andere Strophe, weiss aber nicht, wer sie gemacht hat, die lautet folgendermaassen:

> Nichts auf Island gleicht der *W*onne,
> *W*enn zur Ruhe ging die Sonne
> Von dem *t*reuen Ross ge*t*ragen
> *T*rutzhaft durch das Land zu jagen;
> Im ge*b*orst'nen dunklen *B*erge
> *B*rüllen Riesen, stöhnen Zwerge,
> *H*ell am Stein die *H*ufen klingen,
> *H*och die rothen Funken springen.*)

Der Inhalt ist derselbe, und wohl ebensoviel daran auszusetzen als an Deiner."

„Die Leute sollten Nichts aussetzen wollen, ohne es selbst besser machen zu können."

---

*) Hier ist blos die Alliteration beibehalten, die Assonanz jedoch durch den Endreim ersetzt worden. Der Uebersetzer.

„Es ist etwas Anderes die Fehler zu sehen, als sie verbessern zu können," erwiderte ich; da ich aber bald fand, dass Jeder von uns eine andere Ansicht über diese Sache hatte, wollte ich das Gespräch beenden und sagte: „Nun müssen wir bald über den Berg sein."

„Wir sind jetzt auf die Höhe des Passes gekommen," sagte mein Begleiter, „und wäre es hell, so könnten Sie über einen grossen Theil des Breitenfjords sehen."

„Aber was für eine Pyramide ist das, die sich da gegen den Himmel abhebt?"

„Das ist die steinerne Frau. Sie wurde vom Tag überrascht, gerade als sie über den Pass gehen wollte, die alte Hexe" —

Mehr hörte ich nicht. Dem Führer versagte die Stimme so hurtig, als habe ihm Jemand die Kehle zusammengedrückt. Ich schaute über die Schulter zurück und sah in der nächtlichen Finsterniss Niemand mehr hinter mir.

„Heda! Kamerad! Was ist aus Dir geworden?"

„Ich sitze hier auf dem nächsten Gras, und ich glaube unsere Reise ist für heute zu Ende. Die Mähre warf sich unter mir nieder und will nicht wieder aufstehen; sie thut es aus purem Schabernack, denn das verteufelte Thier ist noch gar nicht müde."

Wir versuchten Beide mit Gutem und Bösem den Schimmel zum Aufstehen zu bewegen; aber das half uns nichts; er war ebenso unbeweglich wie der Blocksberg, und fing an das Gras um sich her abzuweiden. Da war denn nichts Anderes zu thun, als der Wahl des Schimmels betreffs unseres Nachtquartieres Folge zu geben und hier den Morgen abzuwarten.

Nun ist kurz zu berichten, dass wir absattelten und uns hinter einen Fels am Wege, jeder auf eine andere Seite desselben zum Schlafen niederlegten. Mein Führer entschlummerte bald, ich konnte indessen keine Ruhe finden. Hierzu trug erstens bei, dass mir der Schooss meiner Muttererde nicht so weich vorkam, wie ich wohl gewünscht hätte, zweitens, dass mein Führer so laut und gewaltig schnarchte, dass ich mich im Dunkeln ordentlich zu fürchten anfing, und drittens, dass, als endlich der Schlummer sich auf meine müden Lider zu senken begann, der Mond leichenblass hinter dem nördlichen Rand des Passes hervorguckte, — und gerade dort stand die steinerne Frau starr und ragend vor mir, und sah furchtbar spukhaft aus. Mir grauste ordentlich vor ihr, und wäre es möglich gewesen, so wäre ich in den Fels gekrochen, wie vormals die Zwerge. Es gab aber kein Entrinnen für mich, und wie ich so lag, kam es mir vor, als ob sie sich in unzählichen Buchtungen über mich beuge und folgendermassen zu sprechen anhebe:

„Nicht braucht Dir vor mir zu graussen, Menschenkind; ich bin von göttlichem Geschlechte. Mein Vater, unter den Riesen hoch angesehen, wohnte im Ljóso-Berg. Ich war sein einziges Kind. Man hielt mich damals für eine hoffnungsvolle Jungfrau; aber nun bin ich alt geworden, und durch die Jahre gebeugt, so dass wenig von meiner früheren Schönheit übrig ist. Dies sage ich Dir, weil ich Dir die Ursache meiner Verzauberung mittheilen will, und wünsche, dass Du sie Anderen wiedererzählst. Ein Mann hiess Gnúpr; er war ein Grosser unter den Riesen, wie mein Vater, und ein mächtiger Zauberer. Er wohnte im Berge Lón. Er hatte einen vielverheissenden, gewaltigen Sohn, der Drang hiess, und so graussig von Ansehen war, dass alle Menschenkinder davonliefen, wenn sie ihn zur Nachtzeit sahen. Aber wenn ein solches Aussehen den Menschen auch fürchterlich erscheint, so meinen wir Riesen doch, dass es nichts Schöneres gebe, und so ging es auch mir. Ich sah Drang einmal bei einer Versammlung der Riesen, und da schien es mir, als habe ich nie einen schöneren Gesellen gesehen. Da ich aber für eine ehrsame und stattliche Maid galt, fand Drang Gefallen an mir, und das Ende ward, dass wir einander herzlich lieb gewannen und einander noch auf demselben Dinge Treue und Huld gelobten. Denn wir Berggeister sind geradeheraus und sagen ohne Umschweife, was uns am Herzen liegt.

Wir trafen uns oft in Yzto-gróf auf der Fróðárhaide, und belustigten uns dort so gut wir konnten. Nun hatte ich Drang einmal versprochen ihn an besagtem Orte früh um drei Uhr zu treffen. Es war gegen Ende des Sommers, und die Sonnenbahn am Himmel hatte begonnen sich zu verkürzen, wir glaubten deshalb bis Sonnenaufgang für unsere Unterhaltung Zeit genug zu haben. Denn Du musst wissen, dass ich ein Nacht-Riese bin, und diese haben die Natur, dass sie das Sonnenlicht nicht ertragen können.

Ich ging also hinweg, während mein Vater schlief,

und schritt mächtig aus; aber als ich hierher zum Rand des Passes kam, stand der Priester Thangbrand mit einem Crucifix in der Hand auf der andern Seite des Passes und wehrte mir den Weg. Er war damals nach Island gekommen, um den neuen Glauben einzuführen. Wir Berggeister hassten ihn, und es ward uns nicht recht wohl dabei. Aber von dem Kreuze ging eine solche Kraft aus, dass es mir nicht möglich war an ihm vorbei zu gehen. Ich hatte indessen Drang versprochen ihn zu treffen, und da es bei uns Riesen nicht Sitte ist, ein gegebenes Wort zu brechen, so wollte ich lieber das Leben lassen, als ihn täuschen. Ich versuchte denn immer von Neuem weiter zu kommen, aber überall war das Kreuz im Weg. So dauerte das fruchtlose Hin- und Herstreiten fort, bis dass es anfing zu tagen. Ich bekümmerte mich jedoch nicht darum. Als aber der erste Sonnenrand über den Bergrücken hervorblickte, da ward es mir, als lege sich eine steinartige Betäubung um mich, und konnte ich weder Arm noch Bein bewegen. Da lachte Thangbrand und ging davon, und habe ich nicht wieder von ihm gehört. Nun stehe ich seit vielen Jahrhunderten hier, bald im Sonnenschein, bald im Sturmesbraus, doch wenig kümmere ich mich darum, denn weder die Hitze der Sonne noch die Härte des Wetters können mir ferner schaden. Der einzigste Trost in meiner Prüfung ist, dass Drang mich zuweilen besucht, denn noch hält er mir seine Treue, obgleich es nun so gekommen ist. Er hat mir auch gesagt, dass der neue Glaube über das ganze Land angenommen worden ist, dass es seitdem mit der Macht der Riesen und anderer Geister bergunter geht, dass die Isländer nicht länger freie Männer sind, und weder Waffen tragen noch ihre eigenen Angelegenheiten, wie früher auf dem Allding, verhandeln dürfen. Sie haben einen Mann über sich gesetzt, welcher nicht im Lande wohnt, und es nur wie eine Art Sennerei betrachtet. Aber Drang hat mir nie verständlich machen können, dass es besser sei, Andere regieren einen Menschen, als er selbst. Vielleicht ist daran schuld, dass ich nun so lange Zeit Stein gewesen bin, so dass ich nicht auf andere Weise denken kann, als man damals that, da ich jung und bei vollem Leben war. Drang giebt dem neuen Glauben an Allem die Schuld, und sicher ist, dass es in der heidnischen Zeit Anders war.

Er versichert ferner, dass mir und allen verzauberten Riesen prophezeit sei, wir würden erst dann vom Banne erlöst, wenn die Isländer wieder frei werden; dann sollen auch alle Riesen und Berggeister neues Leben und neue Kraft erhalten.

Es sind nun volle 50 Jahre, seit Drang zum letzten Male hier war, und er schien damals heiterer, als gewöhnlich. Er sagte Alles sähe nun besser aus, als früher und es würde wohl etwas Wichtiges vor sich gehen, bis er wiederkäme. Ich hoffe, dass dies nun bald geschieht. Es däucht mir selbst; als sei seit einiger Zeit mehr Leben hier, und das entnehme ich besonders aus den Gesprächen der Reisenden, die vorbeikommen. Ich wollte aber gerne über diesen Punkt etwas Genaueres erfahren; deshalb richtete ich es so ein, dass ihr Beiden hier euer Nachtquartier haben musstet, und nun frage ich dich, was die Zusammenziehung von Mannschaften zu bedeuten hat, welche die Bauern im Süden vornehmen. Ich habe nämlich heute Männer gesehen, und zwar nicht wenige, welche vollbewaffnet über den Pass nach Süden ritten. Sie hatten Alle einen langgeschäfteten Spiess, und es blitzte von ihren Schilden, so dass es mir schien, als ritten Häuptlinge mit grossem Gefolge zum Allding."  —

Die Geschichte des steinernen Weibes hatte Eindruck auf mich gemacht, und ich antwortete ihr deshalb mit der höflichsten Ehrerbietung:

„Das mit den Männern habt Ihr wohl missverstanden, alte Frau! Es werden die Tagelöhner gewesen sein, denen wir heute begegneten. Sie trugen ihre Sensen auf den Schultern, und diese mögen Euch von fern wie Spiesse erschienen sein, aber was Ihr für blinkende Schilde gehalten habt, das waren Sauremilchtöpfe, deren Böden gegen die Sonne gekehrt waren. Es ist ja auch nicht mehr Brauch, dass die Grossen mit Gefolge zum Allding ziehen; dorthin kommen jetzt blos wenige Männer und verhandeln hinter geschlossenen Thüren —"

Da stöhnte das steinerne Weib so tief, dass es mich wie mit Steineskälte durchfuhr, und ich nicht länger zu sprechen vermochte. In diesem Augenblicke zog eine schwarze Wolke über den Mond, und der Himmel verdunkelte sich, so dass ich die steinerne Frau nicht mehr sehen konnte, wie sehr ich auch in die Dunkelheit hinausstarrte. Da hörte ich plötzlich einen Laut, als wenn ein geharnischter Mann den Arm machtlos an der Seite herunterfallen lässt, und gleich darauf abermals das tiefe Stöhnen — und dann war Alles grabesstill. Mir erschien dies so wunderbar, dass ich nicht wusste ob ich träumte oder wachte. Aus der Betäubung schreckte ich empor als mir einige schwere Tropfen in das Antlitz fielen. Da hüllte ich mich dichter in meinen Mantel, lehnte den Kopf gegen den Stein und entschlief beim Säuseln des Windes und fernen Brausen der Wasserfälle.

Ich schlief den ganzen Rest der Nacht hindurch, und erwachte erst, als am nächsten Morgen mein Führer mit den Zäumen klirrte. Derselbe zeigte auf die steinerne Frau hin, welche gerade dem Orte, wo ich in der Nacht geschlafen hatte, gegenüber stand. Da sah ich, dass wir unser Nachtlager dicht bei ihr aufgeschlagen hatten, obgleich wir dies am Abend in der Dunkelheit nicht hatten wahrnehmen können, und das Abenteuer der Nacht kam mir in den Sinn; doch — jetzt war nicht Zeit zu dergleichen Betrachtungen, das Wetter war gut, und mein Führer trieb zur Fortsetzung der Reise. Die Sonne röthete die Bergspitzen, der Schimmel war aufgestanden, und es zeigte sich nun, dass ihm Nichts fehle.

Wir ritten davon und legten rasch den Rest des Weges zurück. Ich bekam nicht Gelegenheit viele Worte mit meinem Führer zu wechseln, denn er und sein Schimmel waren mir stets weit voraus. Endlich erreichte ich ihn bei einem Bergrücken und da war das erste, was ich sagte:

„Die Flaschenscherben auf dem Wege werden zahlreicher, Kamerad!"

„Dann sind wir auch dem Kaufmann nahe," erwiderte der Führer, „und schaut' nur was für ein Leben im Hafen ist, dort kann ich zählen — ja, lass nun sehen — ein Schiff im Hafen."

Und mehr redeten wir nicht zusammen, denn die Pferde jagten davon und liessen nicht ab, als bis wir in die Stadt gekommen waren. Ich verweilte daselbst einige Zeit und fuhr dann in's Ausland; nie habe ich aber wieder von meiner steinernen Frau gehört, oder ob sie nun aus ihrer Verzauberung erlöst ist — es scheint mir dies wenig wahrscheinlich.

Obgleich das Erzählte Manchem sonderbar erscheinen wird, so ist es doch wahr; es können sich auch Alle denken, dass ich nichts davon habe eine solche Geschichte zu erfinden.

Und hiermit schliessen wir diese Saga.

## II. Skules Ritt
(von Grímur Thomsen).

1. Sieben ihn, auf wackern Rossen jagen,
   Zum Wechseln auch verseh'n mit ledigen Rennern,
   Skule ward von Sörle nur getragen:
   Der Sieg erschien ein leichter d'rum den Männern.

2. Während glatt die Wege sind, und eben,
   Wird der Abstand grösser nicht, noch minder;
   Doch als Felsen sich und Hügel heben:
   Heischen sie gar bald den Ritt gelinder.

3. Sörle scheut den Fels nicht, noch die Spalte,
   Spannt den Körper zu gewalt'gem Laufen;
   Lavastaub ihn Wolkengleich umwallte,
   Wühlt er durch des Sandes dunkle Haufen.

4. Da verdünnen sich der Feinde Reihen,
   Drei verlieren sich im Trölla-Passe,
   Und in Widi-Ker war, ausser Zweien,
   Keiner übrig von der ganzen Masse.

5. Da ward Nichts gereicht den raschen Pferden,
   Ruhe nicht, noch Futter sie bekamen;
   Doch ob hungrig sie und mager werden:
   Muth und Kräfte dennoch nicht erlahmen.

6. Skule aber denkt das Spiel zu enden,
   Springt herab, die Gurte fest zu ziehen,
   Streicht durch Sörles Schopf mit schnellen Händen,
   Schwingt sich auf, die Worte ihm entfliehen:

7. „Sörle! treues Thier, das ich erzogen!
   Trage mich aus meiner Feinde Klauen!
   Stets ward dir das Liebste zugewogen:
   Mein Leben will ich dir nun anvertrauen!"

8. Da war's, als ob der brave Gaul begriffe
   Die grimme Noth des Herrn, er wirft den Nacken,
   Schnaubend vorwärts rast er, über Riffe
   Mit Riesensprüngen, über Lavazacken;

9. Passgang er jetzt probt zum ersten Male,
   Peitscht den Grund mit eisenharten Tritten,
   Gleich dem Wirbelwind im Felsenthale:
   Wer hat je auf Island so geritten?

10. Pfeilschnell über wegelose Fluren!
    Felsenbrocken durch die Lüfte rasseln!
    In harten Klippen haften noch die Spuren
    Der Hufe, die um Skules Ohren prasseln.

11. Ha! Da ward zu heiss gar bald das Jagen,
    Hurtig Jene sich besiegt erkennen!
    Doch auch Sörle soll nicht ferner tragen
    Seinen Herrn — das war sein letztes Rennen.

12. Ihn zu retten ist ihm wohl gelungen —
    Wild und blutig seine Augen flammen —
    Und mit wunden Beinen, geborst'nen Lungen,
    Bricht am Strand des Flusses er zusammen.*)

*) Das Original hält sich nicht streng an die Gesetze der Alliteration, und so hat auch der Übersetzer sich in Bezug auf dieselbe einige Freiheiten erlaubt.

## 4. Das Wesentlichste der isländischen Sprachlehre.

(Anm. Die modernen Formen sind, wo sie von den älteren abweichen, in runde Klammern hinter dieselben gesetzt.)

### I. Vokale.

Die Vokale der isländischen Sprache sind a, á [sprich: au], e, é (è) [sprich: je], i [lautet wie ein Mittellaut zwischen i und hellem e], í [sprich: ie], o, ó [sprich: oh], u [klingt wie ein Mittellaut zwischen u und ü], ú [sprich: uh], y [klingt wie das isländ. i], ý [wie isländisches i], æ und œ [sprich: ai], ö und ø [sprich: ö], au [sprich: öj], ei und ey [lauten, als wenn ei nicht als Diphtong, doch auch nicht getrennt ausgesprochen wird].

1. **Ablaut** nennt man den Vokalwechsel, welcher in der starken Conjugation zu Tage tritt; z. B. fara, jeg fór = fahren, ich fuhr etc.
2. **Umlaut** nennt man den Vokalwechsel, welcher unter Einfluss eines folgenden i, j, u, o erscheint. Der u-Umlaut wandelt a in der Wurzelsilbe zu ö, in Ableitungssilben zu u. — Der i-, j-Umlaut wandelt a zu e; á zu æ; o zu e, ø oder y; ó zu œ (æ), ý;

u, jo, ju zu y; ú, jó, jú zu ý; au zu ey. Z. B. sonr (sonur) = Sohn, wird im Nom. Pl. in Folge der Endung ir zu synir = Söhne. Zuweilen sind die den Umlaut verursachenden Vokale weggefallen, während derselbe beibehalten wurde, z. B. land = Land; Nom. Pl. lönd = Länder. Oft bewirkt auch ein später entstandenes oder eingefügtes i und u keinen Umlaut; z. B. staðr (staður) = Stätte, Nom. Pl. staðir = Stätten.

3. Brechung nennt man den häufig vor verdoppelter oder von Muta gefolgter Liquida erfolgenden Uebergang eines i, e zu ja, welcher jedoch nie stattfindet, wo i Umlaut eintreten müsste; z. B. birnir = Bären, Gen. Pl. bjarna, Dat. Pl. björnum [u Umlaut.]
4. Trübung nennt man den Uebergang eines ursprünglichen i zu e; u zu o [der jedoch nie vor n oder m erfolgt]; ju wird stets zu jo vor Liquiden und Dentalen.
5. Vor vokalisch anlautender Flexion wird meist der Vokal der Ableitungssilbe ausgestossen; z. B. gamall = alt, Nom. Pl. gamlir. — Ein dem langen Vokal unmittelbar folgender kurzer Vokal wird gern abgeworfen; z. B. á = Fluss, hat im Dat. Pl. ám statt áum. — éa, éu wird zu já, ausser wenn r voran steht; z. B. tré = Baum, hat im Gen. Pl. trjá statt tréa. — Im Präterito der starken Conjugation wird die Endung ag zu á; eig zu é (è); aug, og zu ó; z. B. hníga = hinsinken, hat im Sing. Prt. Ind. die Form hné (hnè, hneig) statt hneig.

6. Eine Silbe ist lang, wenn sie einen langen Vokal, einen Diphtong, oder einen kurzen Vokal mit zwei folgenden Consonanten enthält. Abgetheilt werden die Silben in der Weise, dass die nächste stets mit einem Vokal beginnt; z. B. end-ing = Endung. Der Hauptton fällt auf die erste Silbe.

## II. Consonanten.

Die Consonanten trennen sich in Liquide, Spiranten und Muten; die Muten wieder in Labiale, Dentale und Gutturale nach den Organen, die sie erzeugen. Die Consonanten der isländischen Sprache sind: 1. Liquide: l [sprich: eddl], m, n, r [lautet eher wie das französische r]. — 2. Spiranten: v [heisst: waff und lautet wie w], s, z [heisst: seta und lautet wie s], j [heisst: joð], h [há]. — 3. Muten: b [heisst: bje], p [pje], f [lautet theilweise wie w, doch am Anfange eines Wortes und in den Verbindungen fk, ft, fs, ff wie das deutsche f, ferner innerhalb eines Wortes vor n, l, ð wie b, z. B. nafn = Name, sprich: nabn], d [dje], t [tje], ð [lautet wie das weiche englische th und heisst: eð], þ [lautet wie das harte englische th und heisst: þorn, sprich: þoddn], g [gje], k [kau; g und k lauten wie gj und kj vor e, é, i, í, y, ý, æ, œ, ø, ei, ey. gi und gj lauten wie ji oder j], x [ex]. — h wird in der Aussprache stets kräftig gehört. pt wird wie ft ausgesprochen. ll und rl lauten wie ddl, rn und nach ei auch nn wie ddn, z. B. Karl [sprich: kaddl], einn [sprich: eïddn]. —

1. Nach einem Consonanten tritt keine Verdoppelung eines andern Consonanten ein. Z. B. das durch Anhängung von t gebildete Neutrum der Adjektive heisst bei dem Worte fastr (ur) = fest, nicht fastt, sondern fast. Vor t und d werden Doppelconsonanten meist vereinfacht. Z. B. hvessa = schärfen, hat im Prt. nicht hvessti sondern hvesti.
2. Im Präterit. und Particip. der schwachen Verben wird das ð der Endung ða, ðr (modern: ði, ður) im Allgemeinen nach l, n, m, b zu d; nach k, p, s, t zu t [t folgt zuweilen auch auf l, n]; es fällt aus nach d, ð, t mit vorhergehendem Consonant und wird mit einem vorstehenden ð zu dd, wenn demselben ein Vokal vorausgeht, z. B. nicht dreymða (i), sondern dreymda (i) = ich träumte; nicht hvesða (i), sondern hvesta (i) = ich schärfte; nicht sendða (i), sondern senda (i) = ich sandte; nicht eyðða (i), sondern eydda (i) = ich verschwendete, verheerte etc.
3. In der zweiten Person Sing. Prt. Ind. der starken Verben wird vor t ein ð, t, tt zu z. Z. B. jeg beit = ich biss, þú beizt [nicht beitt] = du bissest. Im Medio verschmelzen ð, t, tt mit dem s der Endung sk (st) zu z. Z. B. þér þykkizk (st) = Ihr scheint, statt þykkiðsk (st). r vor sk (st) fällt aus. Z. B. þú þykkisk (st) = du scheinst, statt: þykkirsk (st). In der ersten und dritten Person Prt. und in der zweiten Person Imperat. der starken Verben wird nd zu tt, ng zu kk, ld zu lt. Z. B. jeg batt = ich band,

statt: jeg band. Jeg sprakk = ich zersprang, statt: jeg sprang.

4. Im Neutr. der Adjective werden nach Consonanten und in unbetonten Silben ðt, dt zu t, ddt zu tt; z. B. blint [Neutr. von blindr (ur)] statt: blindt. Nach Vokalen in betonter Silbe ðt und zuweilen nt, nnt zu tt; z. B. breitt [N. von breiðr (ur) = breit] statt: breiðt. Die Endsilbe int wird zu it (ið); nach langem Vokal im Auslaut wird t verdoppelt. Z. B. nýtt [N. von nýr = neu] statt: nýt. — nnr wird zuweilen zu ðr; z. B. maðr (ur) = Mann, statt: mannr. — g wird zuweilen nach t und s zu k; z. B. der Gen. Sing. von engi = keiner, lautet enskis.

5. nr, lr, sr werden meist zu nn (n), ll, ss (s); z. B. gamall alt, statt: gamalr. In kurzsilbigen Wurzelwörtern jedoch, und nach Consonanten in der Mitte eines Wortes bleiben sie meist unverändert.

6. v fällt fort zwischen zwei Consonanten, am Ende des Wortes, und im Allgemeinen vor o, u, y, ó.

7. j fällt aus vor i (doch nicht mehr in der modernen Sprache), vor a, u und am Ende des Wortes. Vor a, u wird es jedoch behalten, wenn die Wurzelsilbe kurz ist, und wenn eine lange Wurzelsilbe auf k, g endigt. Am Ende des Wortes wird es behalten und zu i gewandelt, wenn die Wurzelsilbe lang ist. Worte, deren Wurzel auf langen Vokal endigt, werden behandelt wie solche mit kurzer Wurzelsilbe.

## III. Deklination der Substantiva.

Anm. Man merke sich zum Nominativ stets die Endung des Accusativ Pluralis.

### Masculina:

| | 1. armr, a = Arm. | 2. staðr, i = Ort. |
|---|---|---|
| Sing. Nom.: | arm͵r (arm/ur) | stað͵r (stað͵ur) |
| Gen.: | arm/s | stað/ar |
| Dat.: | arm/i | stað |
| Acc.: | arm | stað |
| Plur. Nom.: | arm/ar | stað/ir |
| Gen.: | arm/a | stað/a |
| Dat.: | örm/um I, 2*) | stöð/um I, 2 |
| Acc.: | arm/a. | stað/i. |

| | 3. völlr, u(velli) = Ebene. | 4. dómari, a = Richter. |
|---|---|---|
| Sing. Nom.: | völl r (völl͵ur) | dómar i |
| Gen.: | vall/ar I, 2 [Auflösung des Uml.] | dómar/a |
| Dat.: | vell/i I, 2 | dómar͵a |
| Acc.: | völl | dómar/a |
| Plur. Nom.: | vell/ir | dómar͵ar |
| Gen.: | vall/a | dómar/a |
| Dat.: | völl um | dómur um |
| Acc.: | völl/u (velli). | dómar͵a. |

In der modernen Sprache hat der Acc. Pl. der dritten Deklination meist die Endung i mit i-Umlaut erhalten. Die Endung r ist in der modernen Sprache zu ur, das keinen Umlaut bewirkt, erweitert worden. Wie armr, a, gehen hestr, a = Pferd; ulfr, a = Wolf, Karl II, 5, 1, a = Mann; hrafn II, 5, 1, a = Rabe; steinn II, 5, a =

---

*) Die in den Text eingefügten Zahlen weisen hin auf die in Abschnitt I. Vokale, und Abschnitt II. Consonanten gegebenen Regeln. Z. B. I, 2 weist hin auf die Regel vom Umlaut, Seite 168.

Stein etc. — Wie staðr, i, gehen vinr, i = Freund; burðr, i = Geburt etc. — Wie völlr, u (velli): viðr, u (i) = Holz, Wald; máttr, u (mætti) = Kraft, Stärke; sonr, u (syni) = Sohn; björn, u (birni) = Bär I, 2, 3. [Hier ist ein ursprüngliches i zu ja gebrochen und hat den Umlaut erlitten. Im Gen. Sing. wird der Umlaut aufgelöst: bjarnar, im Dat. Sing. bewirkt i einen Rückgang der Brechung: birni. Der Plural lautet: birnir, bjarna, björnum, björnu (birni). Wie björn gehen: skjöldr, u (skildi) = Schild; fjörðr, u (firði) = Meerbusen etc.]. — Einige Wörter gehen wie armr, a, haben aber im Gen. Sing. ar, z. B. skógr, a = Wald; grautr, a = Grütze. Andere gehen wie staðr, i, haben aber im Gen. Sing. s, z. B. gestr, i = Gast; bolr, i = Stamm. — hirðir, a = Hirte, und beðr, i = Bett, sind Wörter mit j im Stamm II, 7. [hirði/r hat lange Wurzelsilbe, weshalb j am Ende als i behandelt ist, vor a und u aber ausfällt. Es deklinirt: hirðir, hirðis, hirði, hirði; hirðar, hirða, hirðum, hirða. beð/r hat kurze Stammsilbe, weshalb j am Ende abfällt, vor a und u aber behalten wird: beðr, beðjar, beð, beð; beðir, beðja, beðjum beði. Wie hirðir, a und beðr, i gehen læknir, a = Arzt; viðir, a = Weide; byrr, i = günstiger Wind; býr, bœr (bœr), i, II, 7 = Stadt, Bauerhof; drengr, i, II, 7 = junger Mann, tapferer Mann; lækr, i = Bach etc.]. — söngr, va = Gesang II, 6, und Andere haben v im Stamm. — Wie dómari, a, gehen hani, a = Hahn; höfðingi, ja, mit j, etc. — ketill, I, 2; II, 5 katla = Kessel, hat keinen i Umlaut in den nach I, 5 zusammengezogenen Formen: ketill, ketils, katli, ketil; katlar, katla, kötlum, katla.

Feminina:

| | 1. laug, ar = Bad. | 2. önd, ir = Seele, Athem. |
|---|---|---|
| Sing. Nom.: | laug | önd [u Umlaut] |
| Gen.: | laug ar | and/ar I, 2 [Auflösung des |
| Dat.: | laug, laugu | öndu, önd Umlauts] |
| Acc.: | laug | önd |
| Plur. Nom.: | laug/ar | and/ir |
| Gen.: | laug a | and/a |
| Dat.: | laug um | önd/um |
| Acc.: | laug ar. | and ir. |

| | 3. önd, endr = Ente. | 4. gata, ur = Gasse. |
|---|---|---|
| Sing. Nom.: | önd | gat a |
| Gen.: | and/ar | göt u |
| Dat.: | önd | göt u |
| Acc.: | önd | göt/u |
| Plur. Nom.: | end/r (end/ur) [i Umlaut] | göt ur |
| Gen.: | and a | gat/na |
| Dat.: | önd um | göt/um |
| Acc.: | end/r (end ur). | göt/ur. |

Es giebt Worte, welche sowohl der ersten als zweiten, der zweiten als dritten Deklination folgen können. Wie laug, ar gehen ár, árar = Ruder; drottning, ar = Königin etc. — Wie önd, ir: sótt, ir = Krankheit; jörð, ir = Erde, Landgut; mold, ir = Erde etc. — Wie önd, endr: geit, geitr (geitur) = Geis; bók, bœkr (bækur) = Buch; mús, mýss (mýs) II, 5 = Maus; tá, tær = Zehe; tönn, tennr (tennur) = Zahn; vík, víkr = (víkur) Bucht etc. — heiðr (heiði), ar = Haide; il, jar = Sohle sind Wörter mit j im Stamm II, 7. [heiðr (heiði) hat lange Wurzelsilbe, das r (ur) der alten Nominativendung ist in wenigen Worten bewahrt. Es deklinirt: heiðr (heiði), heiðar, heiði, heiði; heiðar etc. il, jar hat kurze Stammsilbe II, 7. Wie diese Wörter gehen: ermr (ermi), ar = Aermel; byrðr (byrði), ar = Bürde; brúðr (ur), ar = Braut, welches im Nom. und Acc. Pl. ir hat, sonst aber regelmässig ist; ey, jar II, 7 = Insel; egg, jar = Ei; eng (engi), jar II, 7 = Wiese etc.]. — ör, var = Pfeil II, 6; dögg, var = Thau. — á, ár = Fluss I, 5 hat im Dat. Pl. ám etc. — Wie gata, ur gehen tunga, ur = Zunge; gyðja, jur = Priesterin; kirkja, ur = Kirche etc. Die letzteren Worte haben j im Stamm, wobei zu bemerken ist, dass das n des Gen. Pl. nach j ausfällt, ausser wenn dem j ein k vorangeht, wo j abgestossen wird und n erhalten bleibt. [Also Gen. Pl. von gyðja = gyðja, von kirkja = kirkna.]

### Neutra:

|  |  | 1. |  | 2. |  |
|---|---|---|---|---|---|
|  |  | land = Land. |  | hjarta, u = Herz. |  |
| Sing. Nom.: | land | Pl.: | lönd, [u Umlaut] | Sing.: hjart/a | Pl.: hjört/u |
| Gen.: | land/s |  | land/a |  hjart/a | hjart/na |
| Dat.: | land/i |  | lönd um |  hjart/a | hjört/um |
| Acc.: | land |  | lönd |  hjart/a | hjört/u. |

Natürlich kann der Umlaut nur in solchen Wörtern eintreten, die für denselben empfänglich sind. Wie land gehen: ord = Wort; skáld = Dichter; vatn = Wasser etc. — klæði = Zeug, Tuch und kyn = Geschlecht sind Wörter mit j im Stamm; das erste deklinirt: klæði, klæðis, klæði, klæði; klæði, klæða, klæðum, klæði II, 7; das zweite: kyn, kyns, kyni, kyn; kyn, kynja, kynjum, kyn II, 7. Ebenso gehen:

dæmi = Beispiel, kvæði = Gedicht, ber = Beere, net = Netz, ríki II, 7 = Reich, ský II, 7 = Wolke etc. — trè = Baum hat Gen. und Dat. Pl. trjá, trjám I, 5. — Wie hjarta, u gehen: auga, u = Auge, eyra, u = Ohr etc. —

Ausnahmen:

1. Einzelne Maskulina haben nicht die Nominativendung -r (ur), z. B. Guð [sprich: gvuð], a = Gott, biskup, a = Bischof. —
2. dagr (ur), a hat im Dat. Sing. degi. —
3. eyrir, aura hat den Plural ohne i Umlaut: aurar, aura, aurum, aura. —
4. fingr (ur), fingr (ur) = Finger; vetr (ur), vetr (ur) = Winter; fótr (ur), fœtr (ur) = Fuss; maðr (ur), menn = Mann deklinieren folgendermaassen:

|  |  | fingr (ur) | vetr (ur) | fót r (ur) | mað r (ur) |
|---|---|---|---|---|---|
| Sing. | Nom.: | fingr (ur) | vetr (ur) | fót r (ur) | mað r (ur) |
|  | Gen.: | fingr/ar (urs) | vetr/ar | fót ar | mann/s |
|  | Dat.: | fingr/i | vetr/i | fœt/i | mann/i |
|  | Acc.: | fingr (ur) | vetr (ur) | fót | mann |
| Plur. | Nom.: | fingr (ur) | vetr (ur) | fœt/r (ur) | menn |
|  | Gen.: | fingr/a | vetr/a | fót/a | mann/a |
|  | Dat.: | fingr/um | vetr/um | fót um | mönn/um |
|  | Acc.: | fingr (ur). | vetr (ur) | fœt/r (ur). | menn. |

Anm.: In der alten Sprache gehörte hierzu auch nagl, negl = Nagel, welches jetzt nögl, naglir heisst.

5. Mehrsilbige weibliche Eigennamen haben auch im Acc. Sing. u; z. B. Guðrún, -ar, -u, -u. Solche mit der Endung -r (ur), -unn, -dis haben i im Dat. und Acc. Sing., wie heiðr (i), ar; z. B. Sigriðr (ur), -ar, -i, -i. — alin,

álnir = Elle, deklinirt: alin, álnar, alin, alin; álnir, álna, álnum, álnir.
6. hönd, hendr = Hand, hat im Dat. Sing. hendi. — ký́r, ký́r = Kuh; sý́r, sý́r = Sau; ær, ær = weibliches Schaf, gehen wie önd, endr, haben jedoch r- mit i-Umlaut schon im Nom. und Gen. Sing.; z. B. ær, ær, á, á; ær, á, ám I, 5, ær. ký́r, ký́r, kú, kú; ký́r, kúa, kúm, ký́r. — nótt, nætur = Nacht, deklinirt: nótt, nætur, nótt, nótt; nætur, nótta, nóttum, nætur, wobei in der alten Sprache statt ó in allen dasselbe aufweisenden Formen á stehen konnte und zuweilen auch Gen. Sing. náttar hiess.
7. Viele Feminina auf i, die fast alle von Eigenschaftswörtern gebildet sind und eine Eigenschaft bezeichnen, enden in allen Formen des Sing. auf i und werden nicht im Plur. gebraucht; z. B. elli = Alter.
8. Das Neutrum fè hat im Gen. Sing. fjár.
9. Die Verwandtschaftsnamen faðir, feðr (ur) = Vater; móðir, mœðr(ur) = Mutter; dóttir, dœtr(ur) = Tochter; bróðir, brœðr(ur) — Bruder; systir, systr(ur) = Schwester, haben in allen Formen des Plural i-Umlaut. Ihre Declination ist die folgende:

| | | | | |
|---|---|---|---|---|
| Sing. Nom.: | faðir | móðir, bróðir | dóttir | systir |
| Gen.: | | | | |
| Dat.: | föður | móður | dóttur | systur |
| Acc.: | | | | |
| Plur. Nom.: | feðr (ur) | mœðr (ur) | dœtr (ur) | systr (ur) |
| Gen.: | feðr/a | mœðr/a | dœtr/a | systr/a |
| Dat.: | feðr/um | mœðr/um | dœtr/um | systr/um |
| Acc.: | feðr (ur) | mœðr (ur) | dœtr (ur) | systr (ur). |

## IV. Deklination der Adjectiva.

Paradigma sei: spakr (ur), spök, spakt = verständiger, e, es.

| | 1. Unbestimmte [starke] Form: | | | 2. Bestimmte [schwache] Form: | | |
|---|---|---|---|---|---|---|
| | Masc. | Fem. | Neutr. | Masc. | Fem. | Neutr. |
| Sing. Nom.: | spak/r (ur) | spök | spak/t | spak/i | spak/a | spak/a |
| Gen.: | spak/s | spak/rar | spak/s | | | |
| Dat.: | spök/um | spak/ri | spök/u | spak/a | spök/u | spak/a |
| Acc.: | spak/an | spak/a | spak/t | | | |
| Plur. Nom.: | spak/ir | spak/ar | spök | | | |
| Gen.: | spak/ra | spak/ra | spak/ra | spök/u | spök/u | spök/u |
| Dat.: | spök/um | spök/um | spök/um | (in der alten Sprache hat der Dativ die Endung „um"). | | |
| Acc.: | spak/a | spak/ar | spök | | | |

Ebenso dekliniren: góðr (ur), góð, gótt (gott) II, 4 = guter, e, es; — fastr (ur), föst, fast II, 1 — fester, e, es; — grár, grá, grátt II, 4 = grauer, e, es; — jafn II, 5, 1, jöfn, jafnt — gleicher, e, es etc. — Man beachte in allen auf n, l, r, s endigenden Adjectiven die in II, 1 und 5 gegebenen Regeln: jafnr, wie der Nom. masc. lauten sollte, wird zu jafnn, doch die Verdoppelung fällt ab nach Consonanten; nr bleibt indessen nach Consonanten in der Mitte des Wortes, also lautet Gen. Sing. Fem. jafnrar, Dat. jafnri, Gen. Pl. jafnra. — fagr (ur), fögr (ur), fagrt (urt) = schöner, e, es, und Andere haben r im Stamm, das also durch die ganze Declination beibehalten wird. — gamall, gömul, gamalt = alter, e, es: Man beachte, dass der Vokal der Ableitungssilbe vor vokalisch anlautender Flexion ausfällt, also: gamli, gamla etc. I, 5. — Wörter mit v im Stamm werfen dies v in der modernen Sprache durchweg ab, während es in der alten nach den II, 6 gegebenen Regeln auftritt, z. B. följr (ur),,

föl, fölt = bleicher, e, es, hat die schwache Form in der alten Sprache: fölvi, fölva, fölva; in der modernen: föli, föla, föla.
— nýr, ný, nýtt = neuer, e, es, ist eins der Adjective mit j im Stamm II 7, die bestimmte [schwache] Form lautet: nýi, nýja, nýja. —

### Ausnahmen:

1. lítill = kleiner, mikill = grosser, und alle Adjectiva auf -inn, z. B. heiðinn, heiðin, heiðit (-ið) = heidnischer, e, es, haben im Nom. Sing. Ntr. it (modern: ið) und im Acc. Sing. Masc. -inn. Die genannten Formen lauten also in diesen drei Wörtern: lítit (ið), mikit (ið), heiðit (ið); lítinn, mikinn, heiðinn. Siehe auch I, 5: lítlar, heiðnar etc.
2. Verschiedene Adjectiva deklinieren nur schwach, und endigen in allen Fällen auf a, ausser zuweilen im Nom. Sing. Masc. auf i, und, in der alten Sprache, im Dat. Pl. auf um, z. B. andvana = leblos, lami — lahm.

## V. Comparativ, Superlativ, Particip.

Comparativ und Superlativ der Adjective werden gebildet durch Anhängung von -ri und -str(ur), welche meist i-Umlaut bewirken, und -ari, -astr(ur), ohne Umlaut. Es giebt keine Regel, welche bestimmt, wo die erstere oder andere Form der Steigerung einzutreten hat. Manche Eigenschaftswörter können auf beide Arten gesteigert werden, andere haben den Comp. -ri, aber den Sup. -astr(ur) u. s. w. Man beachte die Regeln I, 2, 5 und II, 1, 5, 6, 7. — Beispiele: lang/r (ur) = langer, leng/ri, leng/str (ur); stórr (stór) = grosser, stœr/ri, stœr/str (ur); spak/r (ur) = verständiger, spak/ari (spekri), spak/astr (ur); veglig/r (veglegur) = prächtiger, veglig/ri, veglig/astr (ur); fagr (ur) = schöner, fegr/i, fegr/str (ur); heil/l = gesunder, heil/li, heil/astr (ur); fegin/n = froher, fegn/ari, fegn/astr (ur); rösk/r (ur) = rascher, röskv/ari, roskv/astr (ur); nýr = neuer, ný/r (r)i, nýj/astr(ur) — j fällt hier jedoch oft auch vor a aus.

Unregelmässig steigern: gamall, ellri (eldri), ellstr (elztur); góðr(ur), betri, beztr; illr(ur) oder vándr (vondur) = schlechter, verri, verstr (ur); margr (ur) = mancher, fleiri, flestr (ur); lítill, minni, min(n)str (ur); mikill, meiri, mestr (ur). —

Die Comparation der Adverbia wird gebildet durch Anhängung von -r (ur), -st mit i-Umlaut, oder -ar, -ast ohne Umlaut. Z. B. lengi = lange Zeit, lengr (ur), lengst; skamt = kurze Zeit, skemr (ur), skemst; nær (nærri) = nahe, nærr (nær), næst; aptur = zurück, aptar, aptast; fram = vorwärts, fremr (ur) oder framar, fremst oder framast; upp, uppi, ofan = oben, ofar, ofast (efst); niðr (ur), niðri, neðan = unten, neðar, neðast (neðst) etc.

Unregelmässig sind: vel, betr(ur), bezt; illa, verr (ver), verst; lítt, minnr (miður), min(n)st; mjök (mjög), meirr (meir), mest; gjarna (gjarnan) = gern, heldr (ur), helzt. —

Die Comparative der Adjective werden nur schwach deklinirt; in der alten Sprache war die Beugung der Masc.

und Neutr. im Sing. wie die der bestimmt stehenden Adjective, die der Fem. und der ganze Plural hatte durchweg die Endung -i, ausser dem Dat. Pl., der in allen Geschlechtern -um zeigte. Z. B. Sing. Nom.: spakari, spakari, spakara. Sing. Gen.: spakara, spakari, spakara. Pl. Nom.: spakari, spakari, spakari. Pl. Dat.: spökurum etc. — In der modernen Sprache haben ausser dem Neutr. in der Einzahl, welches in allen Casus auf a endigt, alle Fälle der Einzahl und Mehrzahl i. Also Sing. Gen.: spakari, spakari, spakara. Pl. Dat.: spakari etc.

Die Superlative der Adjective werden regelmässig, sowohl stark als schwach gebeugt.

Regelmässig ist auch die Deklination der Participia Präteriti. Die Participia Präsentis dagegen, welche auf -andi enden, erhalten, sofern sie adjectivisch gebraucht werden, in der alten Sprache die Deklination der Comparative, und bleiben in der modernen in allen Casus unverändert. Als Substantive ist ihre Beugung die folgende:

Sing. Nom.: gefandi, Geber   Plur. Nom..: gefendr(ur)
Gen.: ⎫                      Gen.: gefanda
Dat.: ⎬ gefanda              Dat.: geföndum od. gefendum
Acc.: ⎭                      Acc.: gefendr(ur).

bóndi = Bauer, ist aus búandi zusammengezogen; sein Pl. lautet: bœndr(ur), bónda (bœnda), bóndum oder bœndum, bœndr(ur). Ebenso gehen frændi, frændr(ur) Verwandter und fjándi (fjandi), fjándr (fjendur) Feind, doch ohne Umlaut.

## VI. Pronomina.

### 1. Das persönliche Fürwort.

#### a) Das persönliche geschlechtslose Fürwort.

|      | Sing.: | Dual.: | Plur.: |
|------|--------|--------|--------|
| Nom.: | ek (eg, jeg) | vit (við) | vér (vjer) |
| Gen.: | mín | okkar | vár (vor) |
| Dat.: | mér (mjer) | okkr (ur) | oss |
| Acc.: | mik (mig) | okkr (ur) | oss |

|      | Sing.: | Dual.: | Plur.: | S. D. Pl.: |
|------|--------|--------|--------|------------|
| Nom.: | þú | þit, it (þið) | þér, ér (þjer) | . . . . . . |
| Gen.: | þín | ykkar | yðvar (yðar) | sín |
| Dat.: | þér (þjer) | ykkr (ur) | yðr (ur) | sér (sjer) |
| Acc.: | þik (þig) | ykkr (ur) | yðr (ur) | sik (sig). |

#### b) Das persönliche geschlechtliche Fürwort.

Masc.: hann — er, hans, hánum (honum), hann. Fem.: hón (hún) = sie, hennar, henni, hana. Als Neutrum und Pluralis werden die entsprechenden Formen des demonstrativen Fürwortes sá gebraucht.

### 2. Das besitzanzeigende Fürwort.

Sing.:
1. mínn (rainn), mín, mítt (mitt);
2. þinn (þinn), þín, þítt (þitt);
3. sínn (sinn), sín, sítt (sitt).

Dualis:                                 Pluralis:
1. okkarr (okkar), okkur, okkart; várr (vor), vár (vor), várt (vort).
2. ykkarr (ykkar), ykkur, ykkart; yð(v)arr (yð(v)ar), yður, yð(v)art.

Sie werden gebeugt wie die unbestimmte (starke) Form der Adjectiva. Der Acc. Sing. Masc. endet bei allen auf -n, anstatt auf -an. Beachte auch die Regel I, 5.

### 3. Das hinzeigende Fürwort.

hinn, hin, hitt = jener, e, es, wird gebeugt wie minn (minn).

|  |  | Sing. Nom.: | sá, der | sú, die | þat (það), das |  |
|---|---|---|---|---|---|---|
|  |  | Gen.: | þess | þei(r)rar | þess |  |
|  |  | Dat.: | þeim | þei(r)ri | því |  |
|  |  | Acc.: | þann | þá | þat (það) |  |
|  | Plur. | Nom.: | þeir | þær | þau |  |
|  |  | Gen.: | þei(r)ra | þei(r)ra | þei(r)ra |  |
|  |  | Dat.: | þeim | þeim | þeim |  |
|  |  | Acc.: | þá | þær | þau |  |
| Sing. | Nom.: | þessi, dieser |  | þessi, diese |  | þetta, dieses |
|  | Gen.: | þessa |  | þessarrar, þessar (þessarar) |  | þessa |
|  | Dat.: | þessum |  | þessarri, þessi (þessari) |  | þessu |
|  | Acc.: | þenna (þennan) |  | þessa |  | þetta |
| Plur. | Nom.: | þessir |  | þessar |  | þessi |
|  | Gen.: | þessarra, þessa [(þessara)] ebenso |  |  |  | ebenso |
|  | Dat.: | þessum |  |  |  |  |
|  | Acc.: | þessa |  | þessar |  | þessi. |

### 4. Das zurückbezügliche Fürwort.

Als solche werden die unbeugbaren Wörter: er, sem gebraucht. In der ältesten Sprache lautete er wie es und ward zusammengezogen mit sá, sú, þat zu sás = der, welcher; sús = die, welche; þats = das, welches; þanns = den, welchen etc.

### 5. Das fragende Fürwort.

1. wer? Die Deklination ist unvollständig, statt der fehlenden werden Formen des „welcher?" fragenden Fürworts gebraucht. Alle Casus ausser „hvað" in der modernen Sprache veraltet; Nom. und Acc. Sing. Masc. fehlen; Gen.: hvess; Dat.: hveim; Femin. fehlt; das Neutrum deklinirt: hvat (hvað), hvess, hví, hvat (hvað).

2. Wer von Zweien? hvárr (hvor), hvár (hvor), hvárt (hvort), das wie ein besitzanzeigendes Fürwort deklinirt wird.
3. Welcher von Vielen? hverr (hver), hver, hvert, das wie ein Adjectiv mit j im Stamm gebeugt wird. Der Acc. Sing. Masc. heisst hvern (in der alten Sprache zuweilen hverjan).
4. Was für, welcherlei? hvaða, ist indeklinabel.
5. Wie beschaffen? hvilíkr (ur), wird wie ein Adjectiv deklinirt.

### 6. Unbestimmte Fürwörter.

1. Ein, irgend ein: einn, ein, eitt, wird wie ein besitzanzeigendes Fürwort gebeugt. — einnhverr (einhver), einhver, eitthvert und sérhverr (sjerhver) = jeder für sich, beugen in allen Casus, ausser dem Nom. Sing., nur hverr (hver). — nökkurr oder nakkvarr oder nekkver etc. (nokkur), nökkur (nokkur), nökkut (nokkuð) wird wie okkarr gebeugt.
2. Was auch immer: hvatvetna; hvatki [Dat.: hvívetna; hvígi], werden in der modernen Sprache nicht gebraucht.
3. Wer auch von Zweien: hvárgi, hvárgi, hvártki, kommt ebenfalls im heutigen Isländisch nicht vor. Das Fem. war in der alten Sprache selten. Die Beugung des Masc. lautete: hvárgi, hvárskis, hvárungi, hvárngi oder hvárngan. Das Ntr. hat Nom. und Acc. gleich, im Dativ hvárngi, im Genitiv wie Msc.

4. Wer auch von Vielen: hvergi, hvergi, hvertki, ist jetzt nicht mehr gebräuchlich. Die Deklination ist wie die von hvárgi, nur mit j im Stamm.

5) Ein Anderer:

|  | Singularis: |  |  | Pluralis: |  |
|---|---|---|---|---|---|
| Nom.: | annarr | önnur | annat (annað) | aðrir aðrar önnur |  |
| Gen.: | annars | annarrar | annars | { annarra |  |
| Dat.: | öðrum | annarri | öðru | { öðrum |  |
| Acc.: | annan | aðra | annat (annað) | aðra aðrar önnur. |  |

In der modernen Sprache ist überall das rr vereinfacht.

6. Einer von Zweien: annarrhvárr (annarhvor), und
7. Der Eine und der Andere: annarrhverr (annarhver), dekliniren sowohl annarr (annar) als hvárr (hvor) und hverr (hver).
8. Einer von Beiden: annarrtveggja, welches veraltet ist, und
9. Jeder von Beiden: hvárrtveggja (hvortveggja), beugen das erste Wort, behalten aber das andere unverändert. Doch braucht man auch Formen von annarrtveggi, hvárrtveggi, in welchen das zweite Wort schwach gebeugt wird, mit j im Stamm.
10. Beide: Nom. báðir, báðar, bæði; Gen. beggja; Dat. báðum; Acc. báða, báðar, bæði.
11) Keiner:

|  | Singularis: |  |  | Pluralis: |  |  |
|---|---|---|---|---|---|---|
|  | Masc. | Fem. | Ntr. | Masc. | Fem. | Ntr. |
| Nom.: | engi (enginn) | ęngi (engin) | ekki (ekkert) | engir | engar | engin |
| Gen.: | en(s)kis (ein(s)kis) | engrar | wie Masc. | { engra |  |  |
| Dat.: | engum | engri | engu | { engum |  |  |
| Acc.: | engi (engan) | enga | ekki (ekkert) | enga | engar | engin. |

## VII. Artikel.

Einen unbestimmten Artikel giebt es nicht. Der bestimmte Artikel ist enn, en, et [die älteste Form]; inn, in, it (ið); hinn, hin, hit (hið), welcher dem Substantiv angehängt, ihm aber auch, wenn es mit einem Adjectiv steht, vorangehen kann. Im letzteren Falle wird hinn VI, 3, im ersteren inn gebraucht. Beispiele von Substantiven mit Artikel:

Singularis:

|  | Masc. | Fem. | Ntr. |
|---|---|---|---|
| Nom.: | arm(u)r/inn | laug/in | land/it (ð) |
| Gen.: | arms/ins | laugar/innar | lands/ins |
| Dat.: | armi/num | laug/inni | landi/nu |
| Acc.: | arm/inn | laug ina | land/it (ð). |

Pluralis:

|  | Masc. | Fem. | Ntr. |
|---|---|---|---|
| Nom.: | armar/nir | laugar/nar | lönd/in |
| Gen.: | arma/nna | lauga/nna | landa/nna |
| Dat.: | örmu/num | laugu/num | löndu/num |
| Acc.: | arma/na | laugar/nar | lönd/in. |

Es verliert bei diesen Zusammensetzungen der Artikel sein i, wenn davor a, i, u steht, in der Mehrzahl auch nach r. Im Dat. Pl. verliert das Hauptwort sein m.

## VIII. Zahlwörter.

| Cardinalia: | | | Ordinalia: | | |
|---|---|---|---|---|---|
| Msc. | Fem. | Ntr. | Msc. | Fem. | Ntr. |
| 1 einn, | ein, | eitt | fyrsti, | fyrsta, | fyrsta |
| 2 tveir, | tvær, | tvau (tvö) | annarr, | önnur, | annat (ð). |
| { tveggja { tveim(u)r, tveim | | | | | |
| tva (tvo), | tvær, | tvau (tvö). | | | |

|  | Cardinalia. |  |  | Ordinalia: |  |
|---|---|---|---|---|---|
|  | Msc. | Fem. | Ntr. | Msc. | Fem. | Ntr. |

3 þrír, þrjár, þrjú, þriði (þriðji), þriðja, þriðja
  { þriggja }
  { þrimr, þrim (þremr, þrem) }
  þrjá, þrjár, þrjú
4 fjórir, fjórar, fjogur (fjögur), fjórði etc.
  { fjogurra (fjögurra, fjögra), }
  { fjórum }
  fjóra, fjórar, fjogur (fjögur)
5 fimm — fimmti etc.
6 sex — sétti (sjötti)
7 sjau (sjö) — sjaundi (sjöundi)
8 átta — átti (áttundi)
9 níu — níundi
10 tíu — tíundi
11 ellifu (ellefu) — ellifti (ellefti)
12 tólf — tólfti
13 þrettán — þrettándi
14 fjórtán — fjórtándi
15 fimmtán — fimmtándi
16 sextán — sextándi
17 sjaut(j)án (sautján, seytján) — sjautjándi (sautjándi, seytjandi)
18 átján — átjándi
19 nítján — nítjándi
20 tuttugu — tuttugundi, -andi, (tuttugasti)
21 tuttugu ok (og) einn etc. — tuttugundi ok fyrsti (tuttugasti
  [og fyrsti)
30 þrír     (þrjátíu) — þrítugundi, -andi (þrítugasti)
40 fjórir    (fjörutíu) — fertugundi, -andi (fertugasti)
50 fimm     (fimmtíu) — fim(m)tugundi, -andi (fimmtugasti)
60 sex      (sextíu) — sextugundi, -andi (sextugasti)
70 sjau     (sjötíu) — sjautugundi, -andi (sjötugasti)
80 átta     (áttatíu) — áttatugundi, -andi (áttatugasti)
90 níu      (níutíu) — nítugundi, -andi (nítugasti)
100 tíu     (hundrað) — etc. (hundraðasti)
110 ellifu  (hundrað og tíu)
120 hundrað (hundrað og tuttugu)
240 tvau hundruð (tvöhundruð og fjörutíu)
1200 þúsund (ein þúsund og tvöhundruð)
2400 tvær þúsundir (tvær þúsundir og fjögur hundrað).

In der alten Sprache sind die Grundzahlen von 5—20 indekl., in der neuen auch die Zehner bis 90. Das Wort tigr, u (tugur) = Zehner, welches früher in den Zahlen 30—90 enthalten war, wird nach der dritten Deklination gebeugt; das folgende Hauptwort steht im Genitiv. — hundrað, hundruð ist Ntr. — Þúsund, ir, ist ein Fem., wird in der modernen Sprache jedoch zuweilen auch als Ntr. gebraucht. — Die Ordnungszahlen ausser annarr gehen nach der schwachen Deklination. —

## IX. Verba.

### A) Die starke Conjugation.

Beispiel sei: tak/a = nehmen.

| | | Präsens: | | Imperativ: |
|---|---|---|---|---|
| Ind. Sing.: | 1. | tek (i-Umlaut) | Conj.: tak/a (taki) | |
| | 2. | tek'r (ur) | tak/ir | 2. tak (taktu) |
| | 3. | tek/r (ur) | tak/i | |
| Ind. Plur.: | 1. | tök/um | tak/im (tökum) | 1. tökum |
| | 2. | tak/ið | tak/ið | 2. tak/ið |
| | 3. | tak/a | tak/i | |

Präteritum:

| | | | | |
|---|---|---|---|---|
| Ind. Sing.: | 1. | tók | Conj.: | tœk/a (tæki) |
| | 2. | tók t (tókst) | | tœk/ir |
| | 3. | tók | | tœk/i |
| Ind. Plur.: | 1. | tók/um | | tœk/im (tækum) |
| | 2. | tók/uð | | tœk/ið (-uð) |
| | 3. | tók/u | | tœk/i (-u) |

Inf.: tak/a. Prtc. Prs.: tak/andi. Prtc. Prt.: tek/inn.

Der Umlaut im Prtc. Prt. ist unregelmässig, indem er in der dritten Conjugation, zu welcher taka gehört, von

„k" und „g" bewirkt wird. Z. B. heisst das Prtc. Prt. von fara nicht ferinn, sondern farinn. — Das u der Flexionsendungen bewirkt stets Umlaut. — i-Umlaut erhält das Verb durch Flexion nur im Sing. Prs. Ind. und im ganzen Conj. Prt., welch Letzterer auf den Vokal der Plurale des Prät. gebildet wird, wie obiges Beispiel zeigt. (Wenn der Stamm des Verbs auf s endigt, so wird in der zweiten Person Sing. Prs. Ind. in der modernen Sprache nicht ur, sondern t als Flexionsbuchstabe angehängt, wenn auf r, wird ur in ð verwandelt, wenn auf n bleibt er unverändert. Die dritte Person erhält ebenfalls kein ur wenn ein langer Stamm auf n, s oder t endigt.) Beachte die Regeln I, 2, 3, 5, 6; II, 1, 3, 5, 6, 7. —

1. Der Infinitiv hat i oder e als Vokal, gefolgt von zwei Consonanten; durch Brechung können diese Vokale zu ja, durch Umlaut zu ø (ö), y übergegangen sein. Der Sing. Prt. Ind. a, durch Umlaut ö; der Plur. Prt. Ind. u; das Prtc. Prt. u, welches jedoch, ausser vor n- und m-Verbindungen zu o getrübt ist.

Beispiele:

| Inf.: | Prs.: | Sing. Prt. Ind.: |
|---|---|---|
| finna, finden | finn, ich finde | fann, ich fand |
| binda, binden | bind | batt II, 3 |
| springa, zerspringen | spring | sprakk II, 3 |
| vinna, arbeiten | vinn | vann |
| bresta, bersten | brest | brast |
| gjalda, bezahlen | geld | galt II, 3 |
| syngva (syngja), singen | syng | söng |
| søkkva (ö), sinken | søkk (sekk) | søkk |

| Pl. Prt. Ind.: | Prt. Conj.: | Prtc. Prt.: |
|---|---|---|
| fundum, wir fanden | finda (i), ich fände | fundinn, gefunden |
| bundum | bynda (i) | bundinn |
| sprungum | sprynga (i) | sprunginn |
| unnum II, 6 | ynna (i) | unninn |
| brustum | brysta (i) | brostinn |
| guldum | gylda (i) | goldinn |
| sungum | synga (i) | sunginn |
| sukkum | sykka (i) | sokkinn |

Abweichend ist in svelgja, verschlingen, das j vor der Infinitivendung, das jedoch in der Conjugation ausfällt.

2. Der Vokal im Inf. ist e, gefolgt von einem Consonanten; im Sing. Prt. Ind. a; im Pl. Prt. Ind. á; im Prtc. Prt. e, vor den Liquiden jedoch u, das, ausser vor m und n, stets zu o getrübt ist.

Beispiele:

| Inf.: | Prs.: | Sing. Prt. Ind.: |
|---|---|---|
| gefa, geben | gef, ich gebe | gaf, ich gab |
| bera, tragen | ber | bar |
| nema, nehmen | nem | nam |

| Pl. Prt. Ind.: | Prt. Conj.: | Prtc. Prt.: |
|---|---|---|
| gáfum, wir gaben | gæfa (i), ich gäbe | gefinn, gegeben |
| bárum | bæra (i) | borinn |
| námum | næma (i) | numinn |

Abweichungen:

| Inf.: | Prs.: | Sing. Prt. Ind: |
|---|---|---|
| biðja, bitten | bið, ich bitte | bað, ich bat |
| sitja, sitzen | sit | sat |
| liggja, liegen | ligg | lá I, 5 |

| Pl. Prt. Ind.: | Prt. Conj.: | Prtc. Prt.: |
|---|---|---|
| báðum, wir baten | bæða (i), ich bäte | beðinn, gebeten |
| sátum | sæta (i) | setinn |
| lágum | læga (i) | leginn |

| Inf.: | Prs.: | Sing. Prt. Ind.: |
|---|---|---|
| þiggja, empfangen | þigg, ich empfange | þá (þá, þáði), ich empfing |
| fregna, fragen | fregn | frá |
| koma für kvema, kommen | køm und kem (kem) | kvam und kom (kom) |
| sofa für svefa, schlafen | søf und sef (sef) | svaf |
| troða, treten | trøð (treð) | trað (tróð) |
| vefa, weben | vef | vaf (óf) |
| eta (èta, jeta), essen | et (èt, jet) | át |
| fela, verbergen | fel | fal (faldi, fól) |
| sjá für sèa, sehen | sè (sje) | sá |
| vera, sein | em (er) | var |

Pl. Prt. Ind.:             Prt. Conj.:

| | |
|---|---|
| þágum (þágum, þáðum), wir empfingen | þæga (i, þæði), ich empfinge |
| frágum | fræga (i) |
| kvámum und kómum (komum) | kvæma (kœmi) |
| sváfum (sófum) | svæfa (i) |
| tráðum (tróðum) | træða (trœði) |
| váfum (ófum) | væfa (œfi) |
| átum | æta (i) |
| fálum (földum, fólum) | fæla (feldi, fæli) |
| sám (sáum) | sæ (sæi) |
| várum (vorum) | væra (i) |

Prtc. Prt.:

þeginn (þeginn, þáður), empfangen
freginn
kominn
sofinn
troðinn
ofinn
etinn (è, je)
fólginn (falinn)
sènn (sjeður)
verit (ð).

Das Präsens von vera heisst im Ind.: em, ert, er, erum, eruð, eru; im Conj. sjá oder sé (sje), sér (sjert) oder verir, sé (sje) oder veri, sém (sjeum), séð (sjeuð), sé (sjeu); Imp. ver (vertu)! verum! verið!

3. Inf. a, á (o); Sing. Prt. Ind. ó; Pl. Prt. Ind. ó; Prtc. Prt. a, das vor k und g zu e wird.

Beispiele:

| Inf.: | Prs.: | Sing. Prt. Ind.: |
|---|---|---|
| fara, fahren | fer, ich fahre | fór, ich fuhr |
| draga, ziehen | dreg | dró I, 5 |
| slá, schlagen | slæ | sló |
| þvá (þvo), waschen | þvæ | þ(v)ó (þvoði) |

| Pl. Prt. Ind.: | Prt. Conj.: | Prtc. Prt.: |
|---|---|---|
| fórum, wir fuhren | fœra (i), ich führe | farinn, gefahren |
| drógum | drœga (i) | dreginn |
| slógum | slœga (i) | sleginn |
| þ(v)ógum (þvoðum) | þvœga (i, þvæði) | þveginn. |

Abweichend ist in sverja, schwören, hefja, heben, kefja, etwas untertauchen das j, welches Umlaut des a bewirkt, in der Conjugation jedoch wegfällt, so dass auch das Prtc. Prt. svarinn, hafinn etc. heisst.

Sonstige Abweichungen:

| Inf.: | Prs.: | Sing. Prt. Ind.: |
|---|---|---|
| hlæja für hlagja, lachen | hlæ, ich lache | hló, ich lachte |
| deyja, sterben | dey | dó (dó, deyði) |
| standa, stehen | stend | stóð |

| Pl. Prt. Ind.: | Prt. Conj.: | Prtc. Prt.: |
|---|---|---|
| hlógum, wir lachten | hlœga (i), ich lachte | hleginn, gelacht |
| dóm (dóum, deyðum) | dœ (dœi, deyði) | dáinn |
| stóðum | stœða (i) | staðinn |

4. Inf. í; Sing. Prt. Ind. ei; Pl. Prt. Ind. i; Prtc. Prt. i.

Beispiele:

Inf.:     Prs.:     Sing. Prt. Ind.:
hníga, hinsinken; hníg, ich sinke hin; hneig oder hnè I,5, ich sank hin;

Pl. Prt. Ind.:     Prt. Conj.:     Prtc. Prt.:
hnigum, wir sanken hin; hniga(i), ich sänke hin; hniginn, hingesunken

— 194 —

## Abweichend mit j im Stamm:

Inf.:     Prs.:     Sing. Prt. Ind.:
víkja, bewegen (weichen)    vík, ich bewege    veik, ich bewegte

Pl. Prt. Ind.:     Prt. Conj.:     Prtc. Prt.:
vikum, wir bewegten    vika (i), ich bewegte    vikinn, bewegt

### Sonstige Abweichungen:

Inf.:     Prs.:     Sing. Prt. Ind.:
bíða, harren    bíð, ich harre    beið, ich harrte

Pl. Prt. Ind.:     Prt. Conj.:     Prtc. Prt.:
biðum, wir harrten    biða (i), ich harrte    beðinn, geharrt

5. Inf. ú, jú, jó I, 4; Sing. Prt. Ind. au; Pl. Prt. Ind. u; Prtc. Prt. o.

### Beispiele:

Inf.:     Prs.:     Sing. Prt. Ind.:
fljúga, fliegen    flýg, ich fliege    flaug oder fló I, 5, ich flog
lúka (ljúka), schliessen    lýk    lauk
fljóta I, 4, fliessen    flýt    flaut

Pl. Prt. Ind.:     Prt. Conj.:     Prtc. Prt.:
flugum, wir flogen    flyga (i), ich flöge    floginn, geflogen
lukum    lyka (i)    lokinn
flutum    flyta (i)    flotinn

6. Inf. a, á; Sing. Prt. Ind. e, é; Pl. Prt. Ind. e, é; Prtc. Prt. a, á.

### Beispiele:

Inf.:     Prs.:     Sing. Prt. Ind.:
falla, fallen    fell, ich falle    fell (fjell), ich fiel

Pl. Prt. Ind.:     Prt. Conj.:     Prtc. Prt.:
fellum (fjellum), wir fielen    fella (i), ich fiel    fallinn, gefallen

| Inf.: | Prs.: | Sing. Prt. Ind.: |
|---|---|---|
| fá für fanga, erhalten | fæ, ich erhalte | fekk für feng II,3, ich erhielt |
| ganga, gehen | geng | gekk |
| blása, blasen | blæs | blés |

| Pl. Prt. Ind: | Prt. Conj.: | Prtc. Prt.: |
|---|---|---|
| fengum, wir erhielten | fenga (i), ich erhielte | fenginn, erhalten |
| gengum | genga (i) | genginn |
| blésum | blésa (i) | blásinn |

Hierher gehören auch heita, hét, heitinn = heissen; leika, lék, leikinn = spielen; blóta, blét (blotaði), blótinn (blotað) = opfern.

7. Inf. au; Sing. Prt. Ind. jó; Pl. Prt. Ind. jó, ju; Prtc. Prt. au.

Beispiel:

| Inf.: | Prs.: | Sing. Prt. Ind.: |
|---|---|---|
| auka, vermehren | eyk, ich vermehre | jók, ich vermehrte |

| Pl. Prt. Ind.: | Prt. Conj.: | Prtc. Prt.: |
|---|---|---|
| jókum, wir vermehrten (jukum) | (j)yka(i), ich vermehrte | aukinn, vermehrt |

Hierher gehören auch búa, bý, bjó, bjoggum (bjuggum), búinn = wohnen und höggva, hjó, hjoggum (hjuggum), höggvinn = hauen.

B) Die schwache Conjugation.

Beispiel sei: kalla, rufen.

Präsens:

| | | Conj.: | Imp.: |
|---|---|---|---|
| Ind. Sing.: | 1. kall a | kall a (i) | |
| | 2. kall a r | kall ir | kall a (kall aðu) |
| | 3. kall a r | kall i | |
| Ind. Plur.: | 1. köll um | kall im (köll um) | köll um |
| | 2. kall ið | kall ið | kall ið |
| | 3. kall a | kall i | |

13*

Prt:

Ind. Sing.: kall'a͜ðа (i  Conj.: kall'a͜ðа (i)
kall'a͜ðir                        kall'a͜ðir
kall'a͜ði                         kall'a͜ði
Ind Plur.: köll'u͜ðum             kall'a͜ðim (köll u ðum)
köll'u͜ðuð                        kall'a͜ðið (köll u ðuð)
köll'u͜ðu                         kall'a͜ði (köll u ðu)

Inf.: kall a; Prtc. Prs.: kall andi; Prtc. Prt : kall a ðr (kall a ður).

Das a, welches hier im Sing. Prs. und im Prt. in der Endung auftritt, ist nur der dritten Conjugation eigenthümlich. Man merke sich stets die erste Pers. Sing. Prs., die erste Pers. Sing. Prt. und das Prtc. Prt. so wird man die Conjugation leicht bewältigen können.

1. Die Verben der ersten Conjugation haben ein j im Stamm, das bei den langsilbigen vor der Endung a des Infinitivs wegfiel, bei den kurzsilbigen erhalten blieb II, 7. — Der i-Umlaut tritt ein wie in der starken Conjugation. —

a. Langsilbige Stämme, z. B. føer/a. Hier können wir uns ein j in den Stamm denken. Fällt die Infinitiv-Endung a, vor welcher j ausgelassen wurde II, 7 hinweg, so tritt j als ein i an das Ende: føeri. Der durch j bewirkte Umlaut wird durch alle Formen beibehalten, so dass der durch die Flexion bewirkte Umlaut nicht sichtbar wird. Vor der Endung -ða (ði) des Prt. fällt j jedoch aus.

Beispiele:

| Inf.: | Prs.: |
|---|---|
| fœra, führen | fœri, ich führe |
| fylla, füllen | fylli |
| eyða, veröden | eyði |
| missa, verlieren | missi |
| senda, senden | sendi |
| fylkja II, 7, schaaren | fylki |

| Prt.: | Prtc: |
|---|---|
| fœrða (ði), ich führte | fœrðr (ur), geführt |
| fylda (ti) II, 1, 2 | fyldr (tur) |
| eydda (i) II, 2 | eyddr (ur) |
| mista (i) II, 2 | mistr (ur) |
| senda (i) II, 2 | sendr (ur) |
| fylkta (i) | fylktr (ur) |

### Unregelmässig sind:

Inf.:      Prs.:

sœkja (sækja), suchen     sœki (sæki), ich suche
yrkja, machen, arbeiten, das Land bestellen yrki
þykkja (þykja), } scheinen    þykki (þyki) }
þikkja, }                þikki }

| Prt.: | Conj. Prt.: | |
|---|---|---|
| sótta (i), ich suchte | sœtta (sætti) | sóttr (ur), gesucht |
| orta (i, yrkti) | yrta (i, yrkti) | ortr (ur oder yrktur) |
| þótta (i) | þætta (þœtti) | þóttr (ur) |

Hierher gehört auch gørva oder gerva oder gøra (gera, gjöra) = machen, das im Prtc. Prt. görr [ø, e] (gerður, gjörður) hat.

b. Kurzsilbige Stämme, z. B. berj a. Fällt a ab, so verschwindet j II, 7, und mit ihm der Umlaut: bar. Im Partc. Prt. wird ðr zuweilen aber auch iðr (inn) angehängt.

— 198 —

Beispiele:

| Inf.: | Prs.: | Ind. Prt.: |
|---|---|---|
| berja, schlagen | ber, ich schlage | barða (i), ich schlug |
| etja, aufreizen | et | atta (i) II, 2 |
| dylja, verhehlen | dyl | dulda (i) II, 2 |
| skilja, trennen, verstehen | skil | skilda (i) |
| lýja II, 7, weich schlagen | lý | lúða (i) |

| Conj. Prt.: | Prtc. Prt.: |
|---|---|
| berða (i), ich schlüge | barðr, barið (barinn), geschlagen |
| etta (i) | attr (ur) |
| dylda (i) | duldr, duliðr (inn) |
| skilda (i) | skildr, skiliðr (inn) |
| lýða (i) | lúðr, lúiðr (inn). |

Einige Verben weichen ab, indem sie i-Umlaut auch im Ind. Prt. zeigen; z. B. selja, verkaufen, selda (i), ich verkaufte; setja, setzen, setta (i), ich setzte etc. — segja sagen, und þegja, schweigen, haben das j im Sing. Prs. Ind. als i erhalten: segi, ich sage, þegi, ich schweige. Letzteres hat im Prtc. Prt. die Form þagat (ð) geschwiegen. liggja und hyggja haben verdoppelten Consonanten, gehen aber regelmässig: lagða (i), hugða (i) II, 1. Letzteres zeigt auch die Form hugat (ð).

2. Die erste Person des Präsens endigt auf i, wie bei den langen Stämmen der ersten Conjugation, doch ohne Umlaut; dem Prt. wird -ða (i) etc. angehängt, im Conj. Prt. erhält der Stamm Umlaut, das Partc. Prt. fügt -aðr an, dessen Ntr. at (ð) lautet. Die zweite Person Sing. Imp. endigt auf i (dugi! tauge!).

Beispiele:

| Inf.: | Prs: | Ind. Prt.: |
|---|---|---|
| duga, taugen | dugi, ich tauge | dugða (i), ich taugte |
| lifa, leben | lifi | lifða (i) |
| stara, starren | stari | starða (i) |
| trúa, glauben | trúi | trúða (i) |
| þola, dulden | þoli | þolda (i) |
| ná, erhalten | nái | náða (i) |

| Conj. Prt.: | Prtc. Prt.: |
|---|---|
| dygða (i), ich taugte | dugat (ð), getaugt |
| lifða (i) | lifat (ð) |
| sterða (i) | starat (ð) |
| trýða (tryði) | trúat (ð) |
| þylda, þolda (i) | þolat (ð) oder þolt |
| næða (i) | náðr (ur) I, 5. |

Unregelmässig sind:

| Inf.: | Prs.: | Ind. Prt.: |
|---|---|---|
| ljá, leihen | lé (ljæ), ich leihe | léða (i), ich lieh |
| kaupa, kaufen | kaupi | keypta (i) |
| hafa haben | 1. hefi (hef) | hafða (i) |
| | 2. hefir (hefur) | |
| | 3. hefir (hefur) | |

| Conj. Prt.: | Prtc. Prt.: |
|---|---|
| léða (i), ich liehe | léðr (ur), geliehen |
| keypta (i) | keyptr (ur) |
| hefða (i) | hafðr (ur) |

3. Die erste Person Sing. Prs. endigt auf a, die zweite auf ar etc. Umlaut tritt weder im Präsens noch im Conj. Prt. ein, das Prt. fügt aða (i) an den Stamm, das Prtc. Prt. aðr (ur), der Imp. in der zweiten Person Sing. a (kalla! ruf!).

Beispiele:

| Inf.: | Prs.: | Prt. Ind.: |
|---|---|---|
| elska, lieben | elska, ich liebe | elskaða (i), ich liebte |
| kalla, rufen | kalla | kallaða (i) |
| byrja, beginnen | byrja | byrjaða (i) |
| bölva, verfluchen | bölva | bölvaða (i) |

| Prt. Conj.: | Prtc. Prt.: |
|---|---|
| elskaða (i), ich liebte | elskaðr (ur), geliebt |
| kallaða (i) | kallaðr (ur) |
| byrjaða (i) | byrjaðr (ur) |
| bölvaða (i) | bölvaðr (ur) |

Eigenthümlich ist die Conjugation von:

| Inf.: | Sing. Prs. Ind.: | Pl. Prs Ind.: |
|---|---|---|
| gnúa (núa), frottiren | gný (ný), ich frottire | gnúm (núum), wir frottiren |
| snúa | sný | snúm (snúum) |
| gróa | grœ (æ) | gróm (gróum) |
| róa | rœ (æ) | róm (róum) |
| sá | sæ (sái) | sám (sáum) |

| Prt.: | Prtc. Prt. |
|---|---|
| 1. gnøra (neri), ich frottirte | gnúinn (núinn), frottirt |
| 2. gnørir | |
| snøra (sneri) | snúinn |
| grøra (greri) | gróinn |
| røra (reri) | róinn |
| søra (seri, sáði) | sáinn (sáinn, sáður). |

Einige Verben bilden ihr Prs. wie der starken Verben Prt., ihr Prt. aber wie die schwachen Zeitwörter. Mehrere derselben haben einen Infinitiv auf u. Es sind:

| Inf.: | Sing. Prs. Ind.: | Pl. Prs. Ind.: | Prs. Conj.: |
|---|---|---|---|
| kunna, können | kann, ich kann | kunnum, wir können | kunna (i), ich könne |

| Prt. Ind.: | Prs. Conj.: | Prtc. Prt. |
|---|---|---|
| kunna (i), ich konnte | kynna (i), ich könnte | kunnat (ð), gekonnt. |

| Inf.: | Sing. Prs. Ind.: | Pl. Prs. Ind.: |
|---|---|---|
| unna, lieben | ann, ich liebe | unnum, wir lieben |
| muna, erinnern | man | munum |
| vita, wissen | 1. veit, 2. veizt | vitum |
| vilja, wollen | vill (vil) | viljum |
| þurfa, bedürfen | þarf | þurfum |
| mega, können, mögen | má | megum |
| eiga, haben, besitzen | á | eigum |
| munu, werden | mun man | munum |
| skulu, sollen | skal | skulum |

| Prs. Conj.: | Prt. Ind.: | Prt. Conj.: | Prtc. Prt.: |
|---|---|---|---|
| unna (i), ich liebe | unna (i), ich liebte | ynna (i), ich liebte | unnat (ð) unnt, ge- |
| muna (i) | munda (i) | mynda (i) | munat (ð) [liebt |
| vita (i) | vissa (i) | vissa (i) | vitat (ð) |
| vilja (vilji) | vilda (i) | vilda (i) | viljat (ð) |
| þurfa (i) | þurfta (i) | þyrfta (i) | þurft |
| mega (i) | mátta (i) | mætta (i) | mátt |
| eiga (i) | átta (i) | ætta (i) | áttr (átt) |
| muna (i) | munda (i) | mynda (i) | (fehlt) |
| skula (i) | skylda (i) | skylda (i) | (fehlt). |

In den Meisten dieser Worte hat die moderne Sprache die Endungen -uð, -u der zweiten und dritten Person Pl. Prs. Ind. in -ið, -a verwandelt, welche in der alten Sprache schon in muna, unna und vilja vorhanden sind. Dagegen behalten munu und skulu -u.

Ganz unregelmässig ist die Beugung von valda, walten. Prs. Ind. veld, ich walte; Prs. Conj. valda (i); Prt. Ind. olla oder olda (olli); Prt. Conj. ylla oder ylda (ylli); Prtc. Prt. valdit (valdið oder ollað).

Das Medium wird gebildet durch Anhängung des reflexiven Fürworts sik verkürzt zu sk (st) an alle Formen des Activs, wobei die Regeln II, 3 zu beobachten sind. Z. B.

Sing. Prs. Ind. 1. kallask (st); 2. kallask (st); 3. kallask (st).
Pl. 1. köllumsk (st); 2. kallizk (st); 3. kallask (st) etc.

Die weiteren Formen der Verben werden gebildet mit Hülfe der Hülfszeitwörter hafa, vera, munu, verða. Also Perfectum: ek (jeg) hefi (hef) kallat (ð); Plusquamperf. ek (jeg) hafða (i) kallat (ð); Futurum: ek (jeg) mun kalla; Conditionalis: ek (jeg) munda (i) kalla; Fut. exact: ek (jeg) mun hafa kallat (ð); Cond. exact: ek (jeg) munda (i) hafa kallat (ð).

Das Medium bildet Perfectum etc. auf dieselbe Weise, z. B. ek (jeg) hefi (hef) kallazk (zt); ek (jeg) mun kallask (st) etc.

Das Passiv wird durch vera und dem Prtc. Prt. gebildet. Statt vera kann zuweilen „verða, varð, urðum, orðinn" werden, gebraucht werden. Im Futurum und Condit. wird zumeist vera (verða) ausgelassen.

## X. Negation.

In der allerältesten Sprache kommt das alleinstehende verneinende Wörtchen „ne" vor. An ein zu verneinendes Haupt- oder Fürwort wurde später -gi gehängt, so dass aus einn = Einer: engi = Keiner, manngi aus mann wurde etc. An das zu verneinende Verb ward -a, -at, -t gefügt, z. B. kannat = ich kann nicht. In der ersten Person Sing. ward oft zwischen Zeitwort und Negation das Pronomen ek zu k verkürzt eingeschoben, z. B. emka = ich bin nicht. Zuweilen wurde dieser Form noch einmal ek angefügt: emkatek. In der zweiten Person pflegte man wohl das Pronomen þú zu tú verändert an auf t ausgehende Form des Verbs zu hängen: skaltattú = du sollst nicht. Abermals später ward die Negation durch das alleinstehende ei oder eigi oder ekki ausgedrückt: jeg kann ekki = ich kann nicht.

### Druckfehler:

pag. 12, Zeile 17 nicht: Seidisfjord, sondern: Seiðisfjord;
„ 39, „ 11 „ Snorri, sondern: Snorri Sturluson;
„ 45, „ 20 „ 1520, sondern: 1530;
„ 53, „ 24 „ fruchtbaren, sondern: furchtbaren;
„ 55, „ 28 „ -ändern, sondern: -ländern;
„ 58, „ 14 „ appeliren, sondern appelliren;
„ 64, „ 6 „ Masse, sondern: Maasse;
„ 66, „ 20 „ Thing-, sondern: þing-;
„ 70, Anhang, Zeile 3 nicht: deren, sondern: denen;
„ 95, Zeile 18 nicht: Sonatorrek, sondern: Sonartorrek;
„ 99, „ 25 „ Islan dzwei, sondern: Island zwei;
„ 106, „ 23 „ ermordet., sondern: ermordet. —;
„ 106, „ 24 „ Historiker. —, sondern: Historiker.;
„ 116, letzte Zeile, nicht: Olafsrima, sondern: Ólafsríma;
„ 126, erste Zeile, nicht: freuriger, sondern: feuriger;
„ 139, Zeile 6 nicht: Drottkvætt, sondern: Dróttkvætt;
„ 150, „ 5 „ Pjóðvinafjelag, sondern: þjóðvinafjelag;
„ 155, „ 3 „ -massen, sondern: -maassen.

Ebenfalls im SEVERUS Verlag erhältlich:

Konrad Maurer
**Island von seiner ersten Entdeckung bis zum Untergange des Freistaats**
SEVERUS 2011/ 500 S./ 49,50 Euro
ISBN 978-3-86347-117-0

Geschrieben anläßlich der Feierlichkeiten der Isländer zur tausendjährigen Existenz ihrer Bevölkerung, entwirft Konrad Maurer ein opulentes Werk der Frühgeschichte Islands bis hin zum Übergang Islands unter die norwegische Herrschaft im 13. Jahrhundert.

Der Rechtshistoriker, Philologe und Skandinavist, der nicht zu Unrecht als einer der wichtigsten Förderer Islands gilt, gelingt es mit dem vorliegenden Werk, geschickt Wissen aus dreißig Jahren intensivem Studium von Rechts- und Geschichtsquellen mit der eigenen Liebe zu Land und Leuten zu verknüpfen.

www.severus-verlag.de

Ebenfalls im SEVERUS Verlag erhältlich:

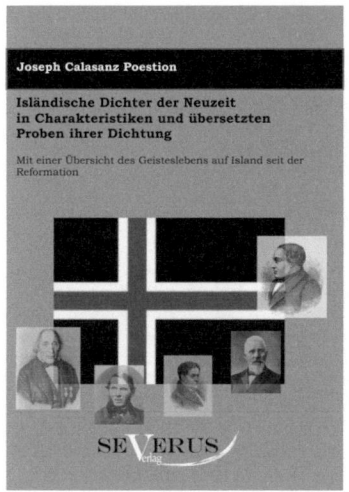

Joseph Calasanz Poestion
**Isländische Dichter der Neuzeit in Charakteristiken und übersetzten Proben ihrer Dichtung**
Mit einer Übersicht des Geisteslebens auf Island seit der Reformation
SEVERUS 2010 / 504 S. / 49,50 Euro
ISBN 978-3-86347-116-3

„Isländische Dichter der Neuzeit in Charakteristiken und übersetzten Proben ihrer Dichtung" galt lange als Standardwerk und war die erste umfassende Darstellung neuisländischer Literatur, als es 1897 erstmalig erschien.

Poestion zeichnet die Entwicklung der isländischen Sprache seit ihrem Entstehen und die Entwicklung der isländischen intellektuellen Welt seit der Reformation nach, um sich dann seinem eigentlichen Anliegen, der Darstellung der neuisländischen Literatur und Literaten, zu widmen. Hierzu gibt er nicht nur Kostproben der Dichtungen, sondern ebenfalls kurze biografische Überblicke über das Leben der jeweiligen Autoren und Dichter, darunter z. B. auch Jónas Hallgrímsson.

Mit dem vorliegenden Werk gelang es Joseph Poestion, der neuisländischen Literatur den weg in den deutschsprachigen Raum sowie in die Welt der internationalen Gelehrte zu ebnen. Poestion selbst wurde 1909 als „Ritter Islands" geehrt.

www.severus-verlag.de

**Bisher im SEVERUS Verlag erschienen:**

**Achelis. Th.** Die Entwicklung der Ehe * Die Religionen der Naturvölker im Umriß, Reihe ReligioSus Band V * **Andreas-Salomé, Lou** Rainer Maria Rilke * **Arenz, Karl** Die Entdeckungsreisen in Nord- und Mittelafrika von Richardson, Overweg, Barth und Vogel * **Aretz, Gertrude (Hrsg)** Napoleon I - Briefe an Frauen * **Ashburn, P.M** The ranks of death. A Medical History of the Conquest of America * **Avenarius, Richard** Kritik der reinen Erfahrung * Kritik der reinen Erfahrung, Zweiter Teil * **Beneke, Otto** Von unehrlichen Leuten: Kulturhistorische Studien und Geschichten aus vergangenen Tagen deutscher Gewerbe und Dienste * **Berneker, Erich Graf Leo Tolstoi** * **Bernstorff, Graf Johann Heinrich** Erinnerungen und Briefe * **Bie, Oscar** Franz Schubert - Sein Leben und sein Werk * **Binder, Julius** Grundlegung zur Rechtsphilosophie. Mit einem Extratext zur Rechtsphilosophie Hegels * **Bliedner, Arno** Schiller. Eine pädagogische Studie * **Birt, Theodor** Frauen der Antike * **Blümner, Hugo** Fahrendes Volk im Altertum * **Brahm, Otto** Das deutsche Ritterdrama des achtzehnten Jahrhunderts: Studien über Joseph August von Törring, seine Vorgänger und Nachfolger * **Braun, Lily** Lebenssucher * **Braun, Ferdinand** Drahtlose Telegraphie durch Wasser und Luft * **Brunnemann, Karl Maximilian** Robespierre - Ein Lebensbild nach zum Teil noch unbenutzten Quellen * **Büdinger, Max** Don Carlos Haft und Tod insbesondere nach den Auffassungen seiner Familie * **Burkamp, Wilhelm** Wirklichkeit und Sinn. Die objektive Gewordenheit des Sinns in der sinnfreien Wirklichkeit * **Caemmerer, Rudolf Karl Fritz** Die Entwicklung der strategischen Wissenschaft im 19. Jahrhundert * **Casper, Johann Ludwig** Handbuch der gerichtlich-medizinischen Leichen-Diagnostik: Thanatologischer Teil, Bd. 1 * Handbuch der gerichtlich-medizinischen Leichen-Diagnostik: Thanatologischer Teil, Bd. 2 **Cronau, Rudolf** Drei Jahrhunderte deutschen Lebens in Amerika. Eine Geschichte der Deutschen in den Vereinigten Staaten * **Cunow, Heinrich** Geschichte und Kultur des Inkareiches * **Cushing, Harvey** The life of Sir William Osler, Volume 1 * The life of Sir William Osler, Volume 2 * **Dahlke, Paul** Buddhismus als Religion und Moral, Reihe ReligioSus Band IV * **Eckstein, Friedrich** Alte, unnennbare Tage. Erinnerungen aus siebzig Lehr- und Wanderjahren * Erinnerungen an Anton Bruckner * **Eiselsberg, Anton Freiherr von** Lebensweg eines Chirurgen * **Eloesser, Arthur** Thomas Mann - sein Leben und Werk * **Elsenhans, Theodor** Fries und Kant. Ein Beitrag zur Geschichte und zur systematischen Grundlegung der Erkenntnistheorie. * **Engel, Eduard** Shakespeare * Lord Byron. Eine Autobiographie nach Tagebüchern und Briefen. * **Ewald, Oscar** Nietzsches Lehre in ihren Grundbegriffen * Die französische Aufklärungsphilosophie * **Ferenczi, Sandor** Hysterie und Pathoneurosen * **Fichte, Immanuel Hermann** Die Idee der Persönlichkeit und der individuellen Fortdauer * **Fourier, Jean Baptiste Joseph Baron** Die Auflösung der bestimmten Gleichungen * **Frimmel, Theodor von** Beethoven Studien I. Beethovens äußere Erscheinung * Beethoven Studien II. Bausteine zu einer Lebensgeschichte des Meisters * **Fülleborn, Friedrich** Über eine medizinische Studienreise nach Panama, Westindien und den Vereinigten Staaten * **Gmelin, Johann Georg** Quousque? Beiträge zur soziologischen Rechtsfindung * **Goette, Alexander** Holbeins Totentanz und seine Vorbilder * **Goldstein, Eugen** Canalstrahlen * **Graebner, Fritz** Das Weltbild der Primitiven: Eine Untersuchung der Urformen weltanschaulichen Denkens bei Naturvölkern * **Griesinger, Wilhelm** Handbuch der speciellen Pathologie und Therapie: Infectionskrankheiten * **Griesser, Luitpold** Nietzsche und Wagner - neue Beiträge zur Geschichte und Psychologie ihrer Freundschaft * **Hanstein, Adalbert von** Die Frauen in der Geschichte des Deutschen Geisteslebens des 18. und 19. Jahrhunderts * **Hartmann, Franz** Die Medizin des Theophrastus Paracelsus von Hohenheim * **Heller, August** Geschichte der Physik von Aristoteles bis auf die neueste Zeit. Bd. 1: Von Aristoteles bis Galilei * **Helmholtz, Hermann von** Reden und Vorträge, Bd. 1 * Reden und Vorträge, Bd. 2 * **Henker, Otto** Einführung in die Brillenlehre * **Kalkoff, Paul** Ulrich von Hutten und die Reformation. Eine kritische Geschichte seiner wichtigsten Lebenszeit und der Entscheidungsjahre der Reformation (1517 - 1523), Reihe ReligioSus Band I * **Kautsky, Karl** Terrorismus und Kommunismus: Ein Beitrag zur Naturgeschichte der Revolution *

www.severus-verlag.de

**Kerschensteiner, Georg** Theorie der Bildung * **Klein, Wilhelm** Geschichte der Griechischen Kunst - Erster Band: Die Griechische Kunst bis Myron * **Krömeke, Franz Friedrich Wilhelm Sertürner** - Entdecker des Morphiums * **Külz, Ludwig** Tropenarzt im afrikanischen Busch * **Leimbach, Karl Alexander** Untersuchungen über die verschiedenen Moralsysteme * **Liliencron, Rochus von / Müllenhoff, Karl** Zur Runenlehre. Zwei Abhandlungen * **Mach, Ernst** Die Principien der Wärmelehre * **Mausbach, Joseph** Die Ethik des heiligen Augustinus. Erster Band: Die sittliche Ordnung und ihre Grundlagen * **Mauthner, Fritz** Die drei Bilder der Welt - ein sprachkritischer Versuch * **Meissner, Franz Hermann** Arnold Böcklin * **Meyer, Elard Hugo** Indogermanische Mythen, Bd. 1: Gandharven-Kentauren * **Müller, Adam** Versuche einer neuen Theorie des Geldes * **Müller, Conrad** Alexander von Humboldt und das Preußische Königshaus. Briefe aus den Jahren 1835-1857 * **Oettingen, Arthur von** Die Schule der Physik * **Ostwald, Wilhelm** Erfinder und Entdecker * **Peters, Carl** Die deutsche Emin-Pascha-Expedition * **Poetter, Friedrich Christoph** Logik * **Popken, Minna** Im Kampf um die Welt des Lichts. Lebenserinnerungen und Bekenntnisse einer Ärztin * **Prutz, Hans** Neue Studien zur Geschichte der Jungfrau von Orléans * **Rank, Otto** Psychoanalytische Beiträge zur Mythenforschung. Gesammelte Studien aus den Jahren 1912 bis 1914. * **Ree, Paul Johannes** Peter Candid * **Rohr, Moritz von** Joseph Fraunhofers Leben, Leistungen und Wirksamkeit * **Rubinstein, Susanna** Ein individualistischer Pessimist: Beitrag zur Würdigung Philipp Mainländers * Eine Trias von Willensmetaphysikern: Populär-philosophische Essays * **Sachs, Eva** Die fünf platonischen Körper: Zur Geschichte der Mathematik und der Elementenlehre Platons und der Pythagoreer * **Scheidemann, Philipp** Memoiren eines Sozialdemokraten, Erster Band * Memoiren eines Sozialdemokraten, Zweiter Band * **Schlösser, Rudolf** Rameaus Neffe - Studien und Untersuchungen zur Einführung in Goethes Übersetzung des Diderotschen Dialogs * **Schweitzer, Christoph** Reise nach Java und Ceylon (1675-1682). Reisebeschreibungen von deutschen Beamten und Kriegsleuten im Dienst der niederländischen West- und Ostindischen Kompagnien 1602 - 1797. * **Sommerlad, Theo** Die soziale Wirksamkeit der Hohenzollern * **Stein, Heinrich von** Giordano Bruno. Gedanken über seine Lehre und sein Leben * **Strache, Hans** Der Eklektizismus des Antiochus von Askalon * **Sulger-Gebing, Emil** Goethe und Dante * **Thiersch, Hermann** Ludwig I von Bayern und die Georgia Augusta * Pro Samothrake * **Tyndall, John** Die Wärme betrachtet als eine Art der Bewegung, Bd. 1 * Die Wärme betrachtet als eine Art der Bewegung, Bd. 2 * **Virchow, Rudolf** Vier Reden über Leben und Kranksein * **Vollmann, Franz** Über das Verhältnis der späteren Stoa zur Sklaverei im römischen Reiche * **Wachsmuth, Curt** Das alte Griechenland im neuen * **Weber, Paul** Beiträge zu Dürers Weltanschauung * **Wecklein, Nikolaus** Textkritische Studien zu den griechischen Tragikern * **Weinhold, Karl** Die heidnische Totenbestattung in Deutschland * **Wellhausen, Julius** Israelitische und Jüdische Geschichte, Reihe ReligioSus Band VI *derpneumatische Schule bis auf Archigenes - in ihrer Entwickelung dargestellt * **Wernher, Adolf** Die Bestattung der Toten in Bezug auf Hygiene, geschichtliche Entwicklung und gesetzliche Bestimmungen * **Weygandt, Wilhelm** Abnorme Charaktere in der dramatischen Literatur. Shakespeare - Goethe - Ibsen - Gerhart Hauptmann * **Wlassak, Moriz** Zum römischen Provinzialprozeß * **Wulffen, Erich** Kriminalpädagogik: Ein Erziehungsbuch * **Wundt, Wilhelm** Reden und Aufsätze * **Zallinger, Otto** Die Ringgaben bei der Heirat und das Zusammengeben im mittelalterlich-deutschem Recht * **Zoozmann, Richard** Hans Sachs und die Reformation - In Gedichten und Prosastücken, Reihe ReligioSus Band III

www.severus-verlag.de